Rudi Schweikert

Arno Schmidts Lauban

Die Stadt und der Kreis
Bilder und Daten

edition text + kritik

Warum kann man andere Menschen nicht an sein Gehirn anschließen, daß sie dieselben Bilder, Erinnerungsbilder, sehen, wie man selbst?
(Arno Schmidt, »Brand's Haide«)

CIP-Titelaufnahme der Deutschen Bibliothek

Arno Schmidts Lauban : die Stadt und der Kreis ; Bilder und Daten / Rudi Schweikert. – München : edition text + kritik, 1990
ISBN 3-88377-287-9
NE: Schweikert, Rudi [Bearb.]

Satz, Druck und Buchbinder: Wilhelm Röck GmbH, Weinsberg
Umschlag-Entwurf: Dieter Vollendorf, München

ISBN 3-88377-287-9

Inhalt

Auf der Suche nach der verlorenen Zeit und der Stecknadel im Heuhaufen

befindet man sich unweigerlich, wenn man es unternimmt, Arno Schmidts Zeit in Schlesien bildlich zu dokumentieren. Der Zweite Weltkrieg hat ganze Arbeit geleistet: Stätten in und Gegenden um Lauban, Görlitz und Greiffenberg, die Arno Schmidt nachweislich erinnerte und die ihm irgendwie wichtig waren, sind größtenteils zerstört und Fotos von ihnen in alle Winde zerstreut. Hie und da trifft man, nach langwierigem, oft vergeblichem Recherchiergestochere und nur, wenn viele Glücks- und Zufälle zusammenspielen, auf Reste zerraspelter alter Privatsammlungen oder auf Fitzelchen für Fitzelchen neu zusammengetragene, die mit ihren Aufnahmen den Lebensumkreis Arno Schmidts (manchmal sogar überraschend nah) berühren und so eine Annäherung im Bild an jene Jahre zwischen 1928 und 1945 ermöglichen. Welche Grenzen diesem Unterfangen natürlicherweise gesetzt sind, erhellt die Motto-Frage.

*

Im Vordergrund dieses Bildbandes steht Lauban, so, wie es aussah, als Arno Schmidt dort lebte. Wo nicht anders vermerkt, stammen die Aufnahmen und Wiedergaben anderer zeitgeschichtlicher Dokumente aus den endzwanziger und dreißiger Jahren. Hinzu kommen Fotofolgen aus früherer und etwas späterer Zeit, einmal zur Illustration der Erinnerungen von Schmidts Mutter an die Stadt und dann zur Vergegenwärtigung dessen, was Arno Schmidt selbst nicht sah, aber mit dichterischer Intensität in der Erzählung »Leviathan« beschrieb: die Zerstörung der Stadt während deutsch-sowjetischer Kämpfe im Frühjahr 1945.
Außerdem rücken Schmidts Streifzüge durch die unmittelbare Umgebung Laubans ins Bild, seine Ausflüge in die mittelbar umliegende Landschaft, den Queis-Kreis, und seine Bahnfahrten von der Stadt aus, ebenso die Dörfer des Kreises, aus denen Vorfahren mütterlicherseits kamen.
Die außerhalb des Queis-Kreises liegenden Görlitz und Greiffenberg sowie weitere schlesische Städte und Gegenden, in denen Arno Schmidt sich sporadisch aufhielt, bleiben, bis auf zwei, drei Bahn-Episoden, unberücksichtigt und der Präsentation in einem gesonderten Band vorbehalten.

*

Nach Möglichkeit wurden alle Erwähnungen und Anspielungen Schmidts, die die Stadt und ihren Umkreis zum Gegenstand haben, mit einem Bildkorrelat versehen, so daß sich ein Zusammenspiel von äußerer und innerer Topographie ergibt. Auch Laubaner Stätten, die er in seinen beiden aus präziser Erinnerung gefertigten Lageplänen (der Stadt insgesamt und der Umgebung seiner Wohnung) hervorgehoben hat, wurden berücksichtigt.
Daten ergänzen die Bilder: Daten zu einem grobgerasterten stadtgeschichtlichen Überblick, Daten zu einer feingerasterten Synchronopse der Laubaner Kriegsereignisse ab Februar 1945, faktisch und in der Fiktion von Schmidts »Leviathan« – um vorab nur zwei Beispiele zu nennen.
Deutungen ergänzen Daten und Bilder: etwa zur Rolle von Schmidts Laubaner Lieblingswäldchen als Ausgangspunkt für sein häufig wiederkehrendes Motiv des Liebespaars, das im Wald verschmilzt, zur Verbindung von Phantasien aus dem Kernbestand der inneren Welt Schmidts mit der Stadt und ihrer Umgebung (Phantasien, die an Vorlagen aus Literatur – Schnabels »Insel Felsenburg«, De

Quinceys »Opium-Eater« – und bildender Kunst – Piranesis »Carceri« – geknüpft sind) oder zum zentralen ›Wolff-Komplex‹, dem Schmidts Gesamtwerk durchziehenden Thema der in Lauban erlebt-erlittenen Ersten Liebe.

*

Ohne die Mithilfe vieler wäre dieser Bildband nicht zustande gekommen. Ihnen allen gilt mein Dank.
Hätte der antiquarische Adlerblick von Andrea Scholz nicht das »Heimatbuch des Kreises Lauban in Schlesien« im Schaufenster der vormaligen, mit Arno Schmidt bekannt vielförmig verbundenen Verlags-Buchhandlung Bläschke zu Darmstadt (wo anders sonst?) entdeckt, wäre ich nicht auf die Idee gekommen, auszuprobieren, ob es reizvoll sein könnte, nach der Präsentation von Arno Schmidts Hamburger Kindheits-, Schul- und Jugendjahren durch das von Ernst Krawehl edierte »Porträt einer Klasse« (Frankfurt/M. 1982), ergänzend zu dem von Jan Philipp Reemtsma und Bernd Rauschenbach herausgegebenen Materialienband »›Wu Hi?‹ Arno Schmidt in Görlitz Lauban Greiffenberg« (Zürich 1986) sozusagen von außen her kommend einen erweiterten Ausschnitt zu einem Teilbereich des gleichen Themas (vornehmlich) in Bilddokumenten zu bieten.
Ganz wesentlich war die Unterstützung, die ich durch Klaus Kasper, Bonn, erfuhr, der mir nicht nur großzügig Materialien zur Auswertung überließ, sondern auch weiterführende Kontakte vermittelte und wichtige Tips gab.
Mit Leihgaben und durch Abdruckgenehmigungen waren mir darüber hinaus behilflich:
Erna Ahlers, Bassum; Horst Altmann, Bad Laasphe; Renate Carstensen, Hamburg; Günter Hausmann, Wuppertal; Heinz Jerofsky, Görlitz; Christa Mayer, Heilbronn; Paul Menzel, Schwerte; Elfriede Minchow, Jena; Arno Schmidt Stiftung, Bargfeld; Bildarchiv des Johann-Gottfried-Herder-Instituts, Marburg; Bundesarchiv, Koblenz; Heimatstube des Kreises Löwenberg, Hannover; Institut für Angewandte Geodäsie, Außenstelle Berlin; Laubaner Büro (Kloster der Magdalenerinnen), Vilsbiburg-Seyboldsdorf; S. Fischer Verlag, Frankfurt/M.
Zum Gelingen des Bandes haben durch Auskünfte und Hinweise außerdem beigetragen: Kurt-Michael Beckert (Forschungsgruppe und Archiv Kreis Lauban in der Arbeitsgemeinschaft ostdeutscher Familienforscher e.V.); Jochen Hoffbauer, Kassel; Anneliese Kern, Aurich; Gerhard Krantz, Frankfurt/M.; Ernst Krawehl, Essen; Martin Lowsky, Kiel; Harald und Wolfgang Mischnick, Kronberg; Hedwig und Klaus Pauler, Ebermannstadt; Johannes Schmidt, Sachrang; Hans Wollschläger, Bamberg.
Das Entgegenkommen des Verlags und von Jörg Drews als Herausgeber der Sonderlieferungen des »Bargfelder Boten« war groß und ihre Geduld noch größer, da manche Spuren erst spät zum Erfolg führten und andere noch später erst sichtbar wurden – Eigengesetzlichkeit einer solchen Recherche ins Offene, ja gelegentlich ins Blaue hinein. (Wenn ich nur an die Mühsal denke, Aufnahmen von der Queisbadeanstalt ausfindig zu machen, der Schmidt so hohe Bedeutung beimaß: Als ob sich gerade das Ausschlaggebende dem Zugriff entziehen wolle . . .)

Mannheim, Rudi Schweikert
im Frühjahr 1989

Die Stadt Lauban

Da ich in entscheidendem Maße vom O r t abhängig bin
(Arno Schmidt, »Materialien für eine Biografie«)

Lauban war für Arno Schmidt unter den schlesischen Orten seines Lebens der am nachdrücklichsten erinnerte. Keine andere Stadt, in der sich Schmidt zwischen 1928 und 1945 länger bewegte, hat solche Eindrücke in seinem Werk hinterlassen. An die Intensität und Fülle der evozierten Details von Stadt und Kreis Lauban reichen weder Görlitz noch Greiffenberg heran. Lauban war, während eines lebensgeschichtlich immens prägenden Jahrzehnts Arno Schmidts, die Mitte – auch geographisch: Vom westlich gelegenen Görlitz (Schülerzeit 1928 bis 1933) wie vom östlichen Greiffenberg (Berufszeit 1934 bis zum Umzug dorthin im Frühjahr 1938) führte ihn der Bahn-Weg täglich nach Lauban zurück.
Die Bedeutung, die Schmidt aus der Rückschau Lauban beimaß als Heimatstadt innerhalb der äußeren Wirklichkeit zur Zeit der »ersten intensiven Berührung mit der Natur; mit der Literatur; und endlich – [...] – mit der Liebe« (»Abend mit Goldrand«, 10. Aufzug, 28. Bild), läßt sich auf verschiedene Weise aus seinen Texten lesen:
Nur im Zusammenhang mit eindeutig benannten Laubaner, nicht Görlitzer und nicht Greiffenberger, Einzelheiten erscheint das glühende ›Zentralfeuerwort‹ Schmidtscher Poiesis, melancholischer Sehnsucht voll: Traum. »Oft ist die herbstlich rauschende Queisbadeanstalt in meinen Träumen«, so im Bucherstling »Leviathan« (1949; Jahresangaben bezeichnen das Ersterscheinen, bei Nachlaßpublikationen das Jahr der Niederschrift; zitiert wird bei den erzählerischen Arbeiten bis 1970 nach der »Bargfelder Ausgabe« (= BA) der Werke Schmidts, ansonsten nach den Bucherstausgaben; hier also BA I, 1, S. 35); »aber ich erinnerte mich doch stets wieder blitzschnell der seligen Jünglingszeit [...]. Wie war ich [...] auf dem Fahrrad über die Hohwaldchaussee gebraust [...]. Noch kamen die Bilder in meine Träume« (»Brand's Haide«, 1951; BA I, 1, S. 140). Und im letzten zu Lebzeiten veröffentlichten Buch, »Abend mit Goldrand« (1975), schließt sich, via Queisbadeanstalt, der Kreis: »Ich hab 1 LG«, ein Längeres Gedankenspiel, »und viele Träume dahin verlegt.« (S. 106)
Ein anderer Weg, hinter den Rang Laubans während der die Lebensausrichtung maßgeblich bestimmenden »seligen Jünglingszeit« zu kommen, ist direkter. Es ist der des Vergleichens: Zwar firmiert jene Entwicklungsspanne bei ihrer genauesten Schilderung (in besagtem »Abend mit Goldrand«) als ›zweigeteilte‹ »Lauban=Görlitz«-Epoche, doch gegenüber dem umfassenden Informationskonzentrat zu Lauban reduziert sich der Anteil von Görlitz dabei auf Erinnerungen an den Besuch der Oberrealschule. Auch an anderer Werkstelle, in »Zettels Traum« (1970; S. 1099, 1118, 1230 u. ö.) etwa, bedeutet ›damals in Görlitz‹ oder »in Görlitz der Stadt« (»Begegnung mit Fouqué« in »Trommler beim Zaren«, 1966, S. 349) von wenigen und nur einer wichtigen Ausnahme (Antiquariat Bäsold in der Moltkestraße) abgesehen allein die Reminiszenz an Schulerlebnisse und ein mit Pathos umwobenes, kaum konturiertes und nahezu ungegenständliches urbanes Memorabilium.
Am augenfälligsten wird die Vorrangstellung Laubans in den von Schmidt retrospektiv gezeichneten Plänen seiner schlesischen Städte (wiedergegeben in »›Wu Hi?‹«, S. 26f., 38 und 82). Daß man ›Karten‹ von allem haben muß, ist eines seiner Dikta (»Die Schule der Atheisten«,

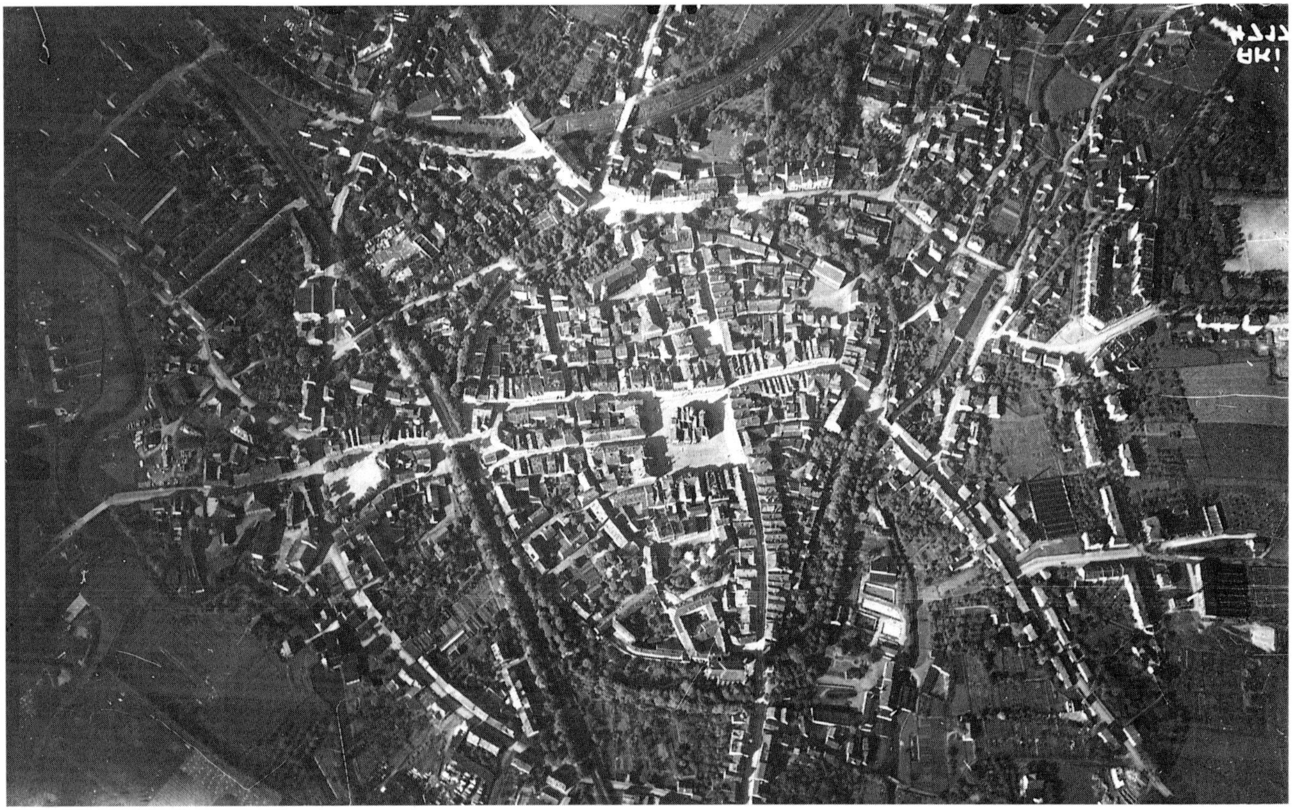

1972; 6. Aufzug, 3. Szene) – ausgeführt hat er freilich nur Lagepläne von Lauban; die zu Greiffenberg und Görlitz blieben grob skizzenhaft.

›Der Dichter und seine Stadt‹ – ein altes und kein kleines Thema. Freilich gilt für jeden Dichter, auch den erst kommenden wie Schmidt: ›Seine‹ war sie nie, denn fremd auf irgendeine Weise lebt er in ihr stets; sie ›leuchtet‹ allenfalls im Wortgebild.

Um wieviel stärker dies bei einem zugereisten, trotz der Laubaner Herkunft seiner Mutter sozial wohl wenig integrierten, kontaktscheuen, aus Selbstschutzbedürfnis arrogant-ablehnend wirkenden, mit Gleichaltrigen aus der Stadt, da Fahrschüler und später auswärts arbeitend, kaum in Berührung kommenden, introvertiert-verletzlichen, mit angstvoll-herrischem Gestus der irritierend-aggressiven Umwelt ab- und der verläßlicheren Bücherwelt zugewandten, tröstende Phantasien spinnenden, seine Umgebung dennoch möglichst genau wahrnehmenden jungen Menschen.

»Der hatte ne Macke«, so Laubaner aus Schmidts Generation über ihn, den Abgesonderten und daher absonderlich Scheinenden, in der Erinnerung an damals.

Zur Orientierung: Plan, Prospekt und Panorama (und etwas zu Arno Schmidts poetischem Prinzip)

Schriftsteller, Dichter, haben sie Klasse, fühlen sich seit jeher, und betonen sie nach außen hin das kühle, rational ausgemessene Konstruieren noch so sehr, als ausgesprochene Luftkutscher, Wolkenwanderer und Äthertänzler. Auf welche Weise dies Arno Schmidt auch war, werden wir gleich sehen. – Machen wir's den literarischen Schwalben nach und nähern wir uns der Stadt von oben:

1 Panorama: Lauban um 1930; Blick von Südosten über die Stadt.

Zum Zurechtfinden der Hinweis auf ein paar markante Punkte: Am oberen Bildrand Arno Schmidts »LieblingsWäldchen«, der Nonnenbusch (siehe auch Abb. 71), darunter die Görlitzer Chaussee erkennbar. Am unteren Bildrand in der Mitte, parallel zum nach Norden fließenden Queis, die Weidenstraße (Abb. 62), wo die Mutter Schmidts als Mädchen wohnte (Nr. 11). In der linken unteren Ecke die Verzweigung der Bahnlinien: nach oben, im Bogen, Richtung Görlitz (Abb. 2, 32 und 103) und schräg durchs Bild nach Kohlfurt (Abb. 101 f.).

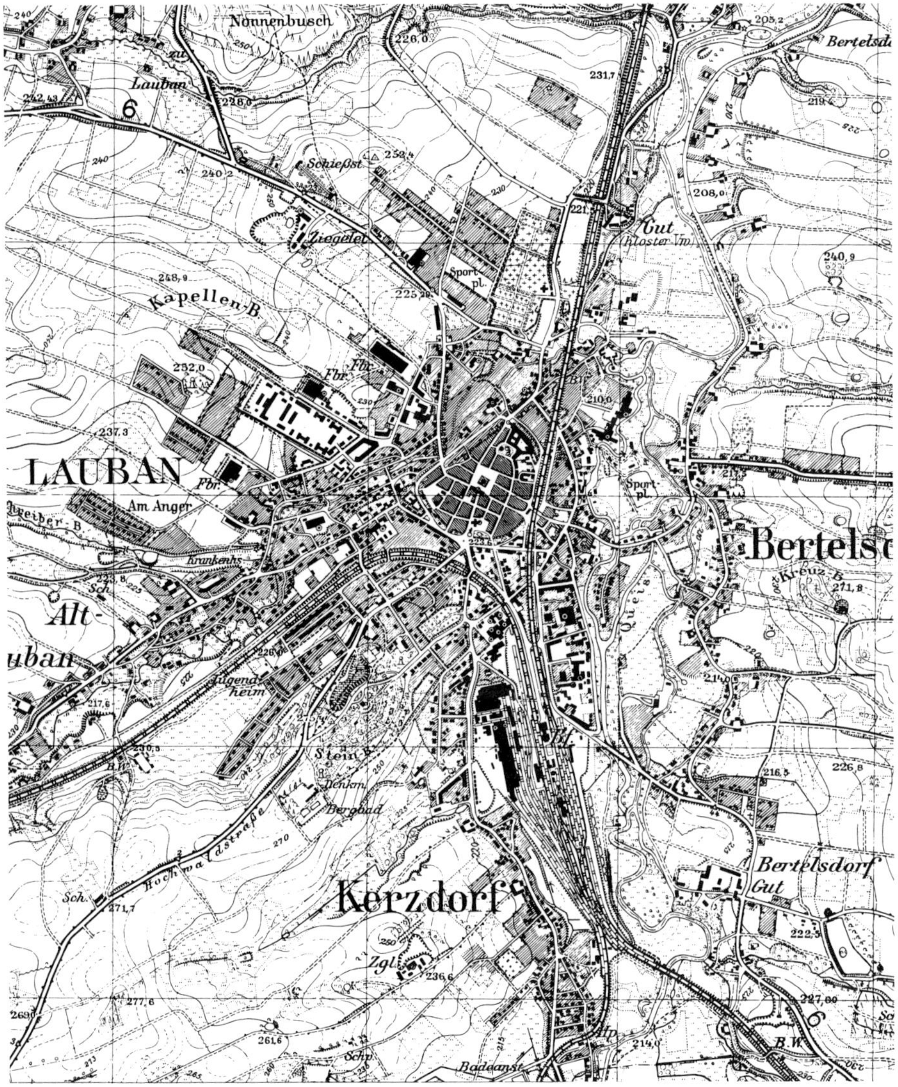

2 Plan: Lauban 1937, Maßstab 1:25000.

Identifizierungshilfe: Schwarz hervorgehoben, aber nicht näher bezeichnet, oberhalb Kerzdorf das Reichsbahnausbesserungswerk (siehe Abb. 39, 40 und 112), in nordöstlicher Ecke der Innenstadt die Klosteranlage (erwähnt in »Abend mit Goldrand«, S. 105; siehe auch Abb. 25 und 111), am westlichen Ortsrand, schräg unterhalb des Kapellen-Berges, die Kaserne (Abb. 57 und 59); und das langgestreckte Fabrikgebäude rechts vom Kapellen-Berg ist das in der kleinen Geschichte »Nebenmond und rosa Augen« (1966) genannte Textilwerk (Abb. 73 und 74).

3 Panorama: Lauban um 1930; Blick von Nordwesten über die Stadt.

Am linken unteren Bildrand die Äußere Görlitzer Straße; nach dem ersten Gebäude zweigt nach links die Walkgasse ab, in der Arno Schmidt wohnte (Haus siehe besonders Abb. 9 und 10). Erstes Gebäude der Walkgasse links mit Schornstein ist die Molkerei. Zu erkennen ist auch die Schmidts Haus benachbarte Stärke- und Dextrinfabrik Dietzel & Co. (Abb. 21).

Deutlich zu sehen in der Innenstadt, rechts vom Turm der neugotischen katholischen Kirche schräg hinter der Walkgasse, der in den »Fremden« (1942) geschilderte Gymnasialplatz mit dem alleinstehenden Glockenturm und dem Lyzeum mit hervorstechendem klassizistischem Giebelfeld links dahinter (Abb. 55 und 56). Im rechten Hintergrund die Gegend der Queisbadeanstalt (Details siehe Abb. 76 und 77). Das Bahnhofsgelände wiederum rechts davon (Abb. 35, 36, 39 und 112).

Im Vordergrund die katholische Kirche mit dem Kloster der Magdalenerinnen. Rechts vor der Kirche zieht die Naumburger Straße Richtung Marktplatz; vis-à-vis der Kirche ist die von Arno Schmidt auf seinem Lageplan eingezeichnete Anschlagsäule zu erkennen. (Die Walkgasse mündet ganz knapp außerhalb des Bildes rechts unten in die Naumburger Straße bzw. in deren Fortsetzung, die Äußere Naumburger Straße.)
Von der Walkgasse zum Bahnhof, Arno Schmidts Routinegang während seines Laubaner Lebensjahrzehnts: Das Luftbild zeigt die verschiedenen Möglichkeiten – entweder durch die Innenstadt, via Naumburger Straße, oder um sie herum, durch die baumbestandenen Promenaden, die zugeschütteten Festungsgräben. Schmidts Naturvorliebe und Menschenscheu sprechen für letzteres.
Am Markt das in den »Fremden« mit verwischten Konturen gezeichnete Hotel »Hirsch« (siehe auch Abb. 50 und 108). Hinter der Stadt zunächst der bewaldete Steinberg (Abb. 78 und 81 bis 83), dann der Hohwald; als Linie, vom Steinberg aus scheinbar rechts am Hohwald vorbeiführend, die bereits zitierte Hohwaldchaussee (Abb. 84). Nach Westen, oben nach rechts aus dem Bild laufend, die Geleise der Bahnlinie Lauban – Görlitz: die Auftaktkulisse des »Leviathan« also, der Erzählung vom Untergang der Menschen durch sich selbst, gefaßt im beliebigen Konkretum, den Vernichtungsereignissen in und um Lauban 1945.

4 Panorama: Lauban um 1930; Blick von Norden über die Stadt.

Schon Nacht; aber es brennt überall in der Kupferstadt (vorhin fiel weit hinten die katholische Kirche ein).
[...]
Die Tür auf meiner Seite geht nicht ganz zu, und der Fahrtwind ist fast unerträglich kalt (haben versucht, sie zuzurucken; aber es geht nicht. Hinten brennt es überall). Ich konnte gerade den Buckel des Steinberges und die Hohwaldchaussee unterscheiden.
(»Leviathan oder Die beste der Welten«; BA I, 1, S. 36 und 38)

Doch blenden wir zurück in die Zeit, da Arno Schmidt mit seiner Prosa die Welt noch verklärend und nicht wie später klarsichtig umfangen wollte: Einzelne Punkte der Stadt, von Gegenwart gereinigt und in ideale Vergangenheit transponiert, glänzen auf in anrührend ungebrochenen Wunschphantasien, das zehrende Gestichel des destruktiven sozialen Alltags zu dämpfen – deutlich identifizierbar an ein paar Stellen in den »Fremden«, wie schon angetippt, und öfters, wenn auch meist zum Vagen-Uneindeutigen hin verändert, anderswo in den sanften Erzählungen aus der ersten Hälfte der vierziger Jahre, den Sprach-Bildern angestrengt harmonischer Gegen-Wirklichkeit zum Krieg ›weit draußen‹.
Überhaupt regte das »zumal bei Mondschein ungemein spitzwegmäßich« Altertümliche Laubans (»Abend mit Goldrand«, S. 105), analog der Atmosphäre schlesischer Städte vom gleichen Typus, Greiffenberg oder Hirschberg, den kraft seines Vorstellungsvermögens zwischen den Zeiten wandelnden jungen Herrn Schmidt zu den Stadtgestaltungen seiner Juvenilia an. Im Gegenwärtigen Vergangenes:

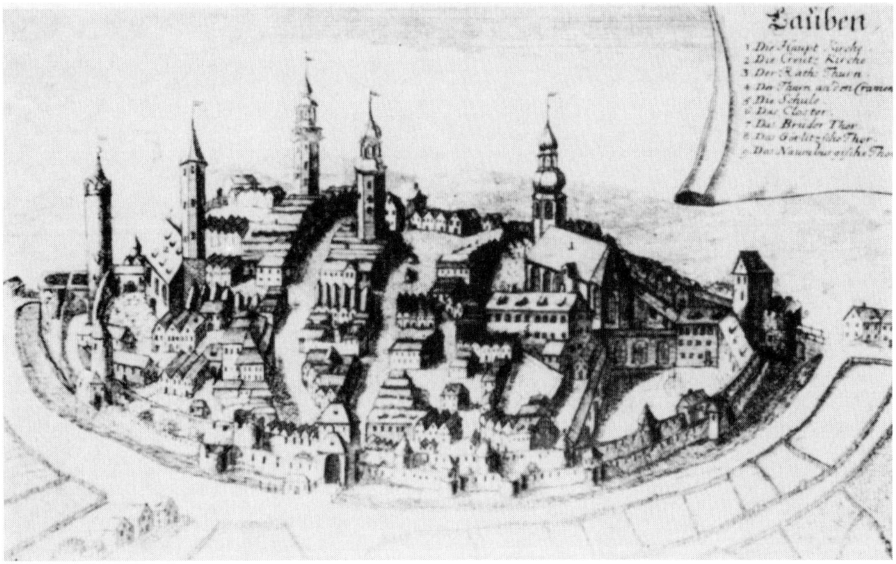

5 Prospekt: Lauban von Osten – Kupferstich von 1714. Von links nach rechts: Brüderturm, Turm der Kreuzkirche, Rathausturm, Krämerturm, Turm der Stadtpfarrkirche (alte Dreifaltigkeitskirche, beim Stadtbrand von 1760 bis auf den Glockenturm – der auf dem Gymnasialplatz – abgebrannt), Turm des Naumburger Stadttores; in der Mitte vorn das Nicolaitor (beide im Zeitenschutt verschwunden).

Hier, im Lauban um 1930, waren die Relikte der Wehrgänge und Wälle, hier waren die Bürger- und Handwerkerhäuser, hier war das Flair, bergend und schön halbverborgen hinter den schrundigen Fassaden, das den bücherfundierten Phantasiegängen, tieckschen, fouquéschen, hoffmannschen, äußerlich real korrespondierte. Und hinauf ging's, weg aus der Sphäre des äußeren Lebens, hoch ins Ätherische, Imaginative, ins Reich des Wolkenzaubers, und Erinnerungen an die Stadtanlage stiegen mit auf, ins Helle, milchig und eisklar Weiße verwandelt die Häuser, Laubengänge, Gäßchen und Plätze – zum Sehnsuchtsort, zur Wolkeninsel:

Wie Vergil seinen Dante, so führt in der Geschichte »Der Garten des Herrn von Rosenroth« (1942) Professor Seidenschwarz den Initianden Christian Wicht in und durch die Höhere Welt, hier die friedlich-emsige Wolkenwelt der Elementargeister.

»Sie wissen ja selbst, daß Sie schlecht da unten–« er deutete nachlässig mit der Schulter rückwärts zum Städtchen, »–hin passen, und wir brauchen Leute; dringend! Nun, sehen Sie es sich selbst erst einmal an [...]«.
(BA I, 4, S. 475f.)

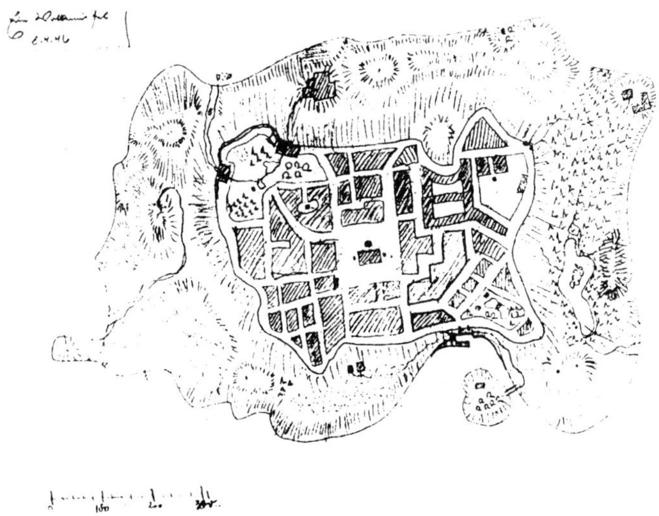

6 »Eine Wolkeninsel«. Zeichnung Arno Schmidts (1946).

Eindrücke von Lauban wie dem (Rathaus-)Torweg – von Schmidt gestrichelt eingezeichnet (vgl. auch Abb. 8 und 51) – mischen sich mit dem vom Marktbrunnen, den Lauban nicht, wohl aber Greiffenberg oder Hirschberg aufwiesen, und allgemein für diesen Stadttypus Zutreffendem, etwa dem Markt in der Mitte mit dem Häuserkarree und den aus allen vier Himmelsrichtungen auf ihn zulaufenden alten Handelsstraßen, zur zärtlich-präzisen Phantasie von der elementargeistrigen Silberwolken-Felsenburg: poetisches Prinzip Arno Schmidts von Anfang an. (Und welcher gute Wortkünstler hätte es je anders gemacht?) Additiv nannte er sein Verfahren später als gestandener Autor und sich selbst einen »Metamorphotiker«, einen »*Verwischer* von Konturen« (»Porträt einer Klasse«, S. VII), bei dem zahllose Einzelheiten ›authentisch‹, Abbilder der äußeren Wirklichkeit, sind, aber ohne unbedingt ihre zeitlich-räumlichen Zusammenhänge aus dem ›objektiven‹ Kontinuum mit in die Fiktion genommen zu haben, wo sie in eine neue, höhere Einheit eingehen.

7 Plan: Laubans Innenstadt, um 1930. 1 = Rathaus, 2 = Zieglerschule, 3 = Salzhaus, 15 = Lyzeum, 18 = Katholische Schule, 19 = Glockenturm, 20 = Katholische Kirche mit Kloster, 21 = Evangelische Kreuzkirche, 24 = Brüderturm.

Und im Vergleich dazu Arno Schmidts Skizze:

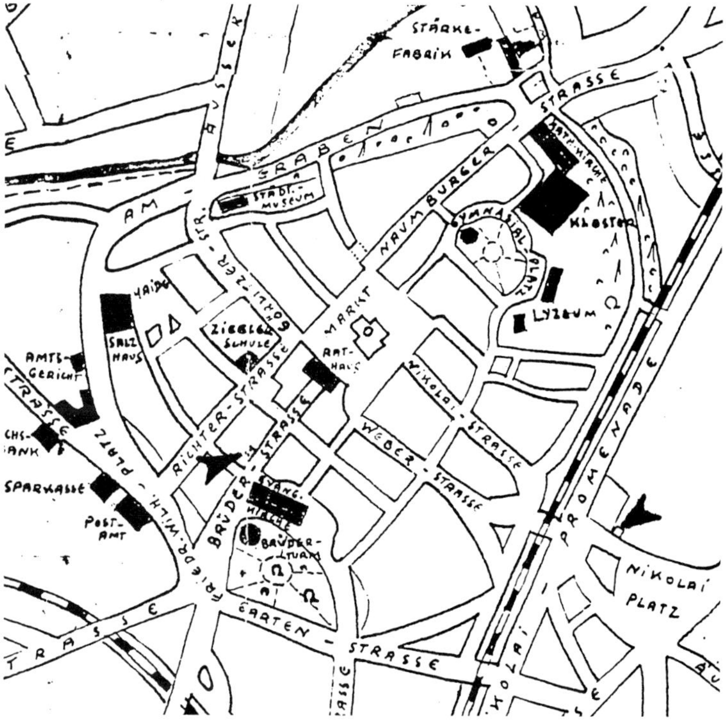

8 Laubans Innenstadt nach der Erinnerung gezeichnet (1948; Ausschnitt aus einem Plan, der die ganze Stadt umfaßt). Außer öffentlichen Gebäuden und Schmidts Haus in der Walkgasse sind nur zwei andere hervorgehoben: das, in dem seine Mutter vor der Hamburger Zeit wohnte (Nicolaiplatz 11, siehe Pfeil), und das, hier auch durch Hinweispfeil markiert, einer anderen dominierenden weiblichen Gestalt in seinem Leben – siehe S. 41.

Gründung um **1220**, angelegt neben einem wendischen Dorf (Luban). Bis **1253** unter böhmischer, bis **1319** unter brandenburgischer Herrschaft. Bis **1346** zum schlesischen Herzogtum Jauer gehörig; **1346** Sechsstädte-Bund mit Görlitz, Löbau, Bautzen, Zittau und Kamenz (Schutz-Allianz der aufblühenden Städte gegen räuberische Übergriffe). Bis **1635** wieder unter böhmischer Herrschaft; zweimalige Zerstörung (**1427** und **1431**) während der Hussitenkriege. Wiederaufbau. Stadtbrand **1487**, fast völlige Einäscherung. Wiederaufbau. **1533** die Pest in der Stadt. Verlust von Privilegien, Geld und Gütern (Pönfall) **1547** im Schmalkaldischen Krieg. Erneute riesige Feuersbrunst **1554**. Wiederaufbau. Diverse Plünderungen während des Dreißigjährigen Krieges durch diverse Parteien. **1635** Lauban zu Sachsen (bis 1815). **1659** Stadtbrand. Wiederaufbau. **1670** desgleichen. **1696** desgleichen. Durchzug der Schweden **1707** im Nordischen Krieg. Während des Siebenjährigen Krieges hohe Kontributionslasten. **1760** durch Feuer wieder nahezu gänzliche Zerstörung der Stadt. Erneuter Wiederaufbau. Während der napoleonischen Kriege wieder hohe Kontributionslasten; diverse ›Durchmärsche‹ diverser Truppen. Ab **1815** zu Schlesien (Preußen). **1847** Stadtbrand. Wiederaufbau. **1850** Sprengung der Stadtmauern, Expansion. Industrialisierung, insbesondere mechanische Weberei (Textilgewerbe durch eingewanderte Flamen Mitte des 13. Jahrhunderts eingeführt); Tonindustrie; in der Umgebung Braunkohle- und Basaltwerke. **1865** Gründung des Bahnausbesserungswerks mit der Eröffnung der Linie Görlitz – Hirschberg. **1872** Zuschütten der Festungsgräben (Anlage als Promenade). **1898** Aufstellung der ersten mechanischen Webstühle für Taschentücher. (Taschentuchindustrie und Reichsbahnausbesserungswerk die beiden Hauptarbeitgeber der Stadt.) Einwohnerzahl Laubans um die Jahrhundertwende: 14600. (Die »Encyclopaedia Britannica« gibt in ihrer 13th Edition von 1926 fürs Stichjahr **1905** 14624 Einwohner an; der Baedeker »Deutschland in einem Bande«, ^{2}1909, nennt 14600 – zum Vergleich Arno Schmidt in »Abend mit Goldrand« (S. 105): um 1919 14000.) Um **1910** rund 6000 Menschen in der Laubaner Taschentuchindustrie beschäftigt (Versand von 420000 Taschentüchern täglich: 90% des damaligen Bedarfs in Deutschland). Einwohnerzahl Mitte der zwanziger Jahre: 15900; **1939**, bei der Volkszählung, 17353, davon 20% katholisch – Schmidt: »Die in jener Gegend übliche ›gemischte‹ Bevölkerung, mit 20% Katholikn« (»Abend mit Goldrand«, S. 105). **1945** Zerstörung der Stadt zu zwei Dritteln durch deutsch-sowjetische Kämpfe am Ende des Zweiten Weltkrieges. Ab 1945 unter polnischer Herrschaft. Wiederaufbau.

In Lauban

Die Stadt in vier Gängen

nach Lauban; wo Unsre Mutter herstammte
(Arno Schmidt, »Abend mit Goldrand«)

Das Haus in der Walkgasse und seine unmittelbare Umgebung

In der zweiten Novemberhälfte 1928, nachdem zweieinhalb Monate zuvor, am 8. September, sein Vater gestorben war, zog Arno Schmidt, knappe fünfzehn, mit seiner Schwester Luzie und der Mutter Clara, geborene Ehrentraut, von Hamburg nach Lauban in das Haus (Grundbuch-Nummer 787), in dem die Großmutter Ernestine Scholz, verwitwete Ehrentraut, verwitwete Scholz, geborene Hanisch wohnte: Walkgasse 12.

And I remember, uh, the first winter I spent in Lauban, und it's hilly, it's, it's mountains. And, uh, Hamburg has the climate more of London. We had mostly fog and rain there. But Lauban – I thought my heart would stand still, it was so cold in the winter.* [...] And I remember sitting, – my grandmother had those big Kachelofens in the living room, and there was a bench where I was sitting on. I, I think I spent the winter on that bench warming on that Kachelofen.

*** AS: es war ausgerechnet jener ChronikenWinter 1928–29, der (bis jetzt) schwerste des Jahrhunderts – wir hatten bis zu –36° in Lauban!**

(Aus den Erinnerungen von Luzie Kiesler, Arno Schmidts Schwester, mit einer Anmerkung von ihm; »Porträt einer Klasse«, S. 264; auf S. 163 ein Familienbild vor dem Haus Walkgasse 12.)

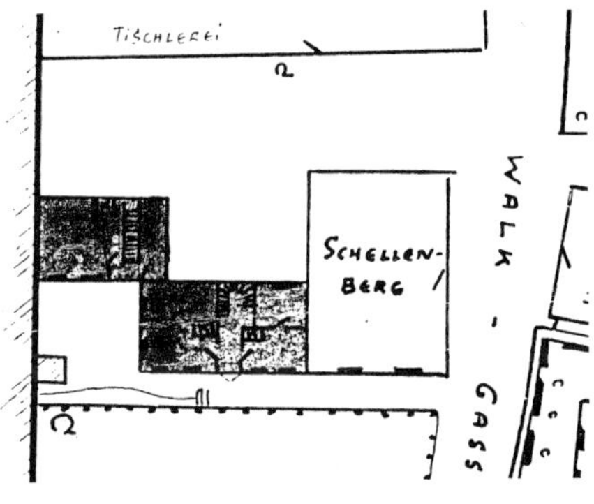

9 Haus Walkgasse 12, dahinter ein Gebäudeteil von Walkgasse 10, der Schreinerei Erich Schober.

10 Arno Schmidts Plan des Hauses (Erd- und, vermutlich, Obergeschoß getrennt eingezeichnet) und seiner engsten Umgebung (Ausschnitt).

Und aus den Laubaner Jahren ist ihr [Luzie Kiesler] **ein Bild scharf im Gedächtnis geblieben: Arno, in seinem Zimmer im ersten Stock, arbeitend, Arno am Schreibtisch, in einem Zimmer voller Bücher.**
(»Porträt einer Klasse«, S. 221)

Historisch kostümiert und stilisiert:

[...] und er stieg mit den schweren Stiefeln behutsam die breite geschwungene Holztreppe empor, zu den oberen Räumen, und öffnete langsam die Tür für sich und den Begleiter.
[...] Der Alte stellte den vierkerzigen Leuchter auf ein Wandbrettchen neben der Tür, von wo er die einfache bräunliche Täfelung beleuchtete, die aber nur an wenigen Stellen sichtbar war; denn um fast zwei ganze Seiten des Raumes zogen sich tiefe, über sieben Fuß hohe Regale, in denen lange Reihen von hellen Pergamentbänden und bräunliche Goldrücken schienen und blinkten.
In einem einfachen hochbeinigen Holzsessel an dem breiten Schreibtische saß ein noch junger Mann mit vollem, welligem Haar [...].
(»Die Fremden«; BA I, 4, S. 508)

<u>OLMERS</u>: [...] »Was hab'ich [...] in L. profitiert? – Ahja: ›Schach-Spieln‹ hab ich mir gelernt; wir hattn im Hause ein'n jungn ›Töpfer & Ofensetzer‹ wohn'n, Kurt Leubner – (der 1. einer (kurzn) Reihe ›Intelligenter Handwerker‹,

die ich ›achtn‹ gelernt habe; (dh as far as it goes)) – Wir habm zusamm'm den ganzen ›MIESES=DUFRESNE‹ durchgearbeitet. – [«]
(»Abend mit Goldrand«, S. 106)

In den offiziellen Einwohnerverzeichnissen zwischen 1930 und 1938 erscheint der Name Kurt Leubner (»Ofensetzer und Töpfer«) nur einmal: im Adreßbuch von 1937/38 als in der Mittelstraße 3 wohnhaft.

12 Schmidt, Klara, verw. Revier=Oberwacht=
meiſter. E. (787)
Kretſchmer, Willy, Arbeiter
Schmidt, Lucie, Plätterin
Scholz, Erneſtine, verw. Werkſtattarbeiter
Plotz, Ida, verw. Bleicher
Schäfer, Bruno, Schuhmachergeſelle
Schmidt, Anna, Forſtarbeiterin
Tſchorn, Agnes, Näherin

11 Die Bewohner von Walkgasse 12 um 1930. (»E« steht für Eigentümer.)

Schmidt Agnes, Witwe, Bismarckſtr. 30
— Alfred, Bürodiener, Sturmſche Inſel 3
— Alma, verw. Stadtinſpektor, Bismarck=
ſtraße 13
— Anna, verw. Privatier, Terraſſenſtr. 6
— Anna, verw. Fleiſchermeiſter, Weber=
ſtraße 21, F. 320
— Arno, kaufm. Angeſtellter, Walkgaſſe 12
— Arno, Gärtner, Finkenweg 2
— Arthur, fr. Werkſt.=Arbeiter, Ober=Alt=
Lauban 36
— Auguſt, fr. Kaufmann, Mittelſtr. 8

12 Der einzige Eintrag Arno Schmidts in einem Laubaner Adreßbuch (1937/38).

Jaja die Schmidts: Der in »Abend mit Goldrand« (S. 106) erwähnte Bademeister und Pächter der Städtischen Flußbadeanstalt hieß ebenfalls Schmidt, Bernhard Schmidt...

13 Blick durch die Walkgasse, wo im Mittelalter die Zunft der Walker wohnte.

14 Der gleiche Blick nach den Kämpfen 1945.

Rechts das Haus des Schneidermeisters Joseph Schellenberg (Nr. 11). Quer vor dem Turm der katholischen Kirche – Blickfang mit 75 Meter Höhe – steht das Haus Nr. 13 (Hübner). Vor diesem ein Stückchen des Gemüsegartens der Stärkefabrik (mit Baum). Zwischen dem Garten und Haus Nr. 11 Zugangsweg zum Haus der Schmidts. Links das Haus Nr. 2 (Engwicht). – Geländeprofil: leicht gebuckelt.

OLMERS (Tcha, Lauban): »Ich war knapp 15, als Wir [...] hin=zogn.« [...] [»]Ich wohnte [...] in Lauban, Walkgasse 12 [...].«
EUGEN (ruhig anmerkend): »Schönes altes deutsches Wort: ›Gasse‹; zumal bei Mondschein ungemein spitzwegmäßich.«
OLMERS (lebhaft): »Und so war es auch: dädalische IrrGewinde [...].«
(»Abend mit Goldrand«, S. 105)

Später wurde das Haus Schellenberg ebenso wie das ehemalige Haus der Schmidts abgerissen.

Mir fiel ebm uff, daß die Häuser, in den'n ich so im Laufe meines Lebms gewohnt habe, grundsätzlich 10=12 Jahre nachdem ich raus war, ›abgebrochn‹ wordn sind: zerbombt, demoliert, abgetragn – gleichsam, als solle meiner Erdntage Spur prinzip'jell verlöscht werdn – wunderliches Kismet.
(»Abend mit Goldrand«, S. 107f.)

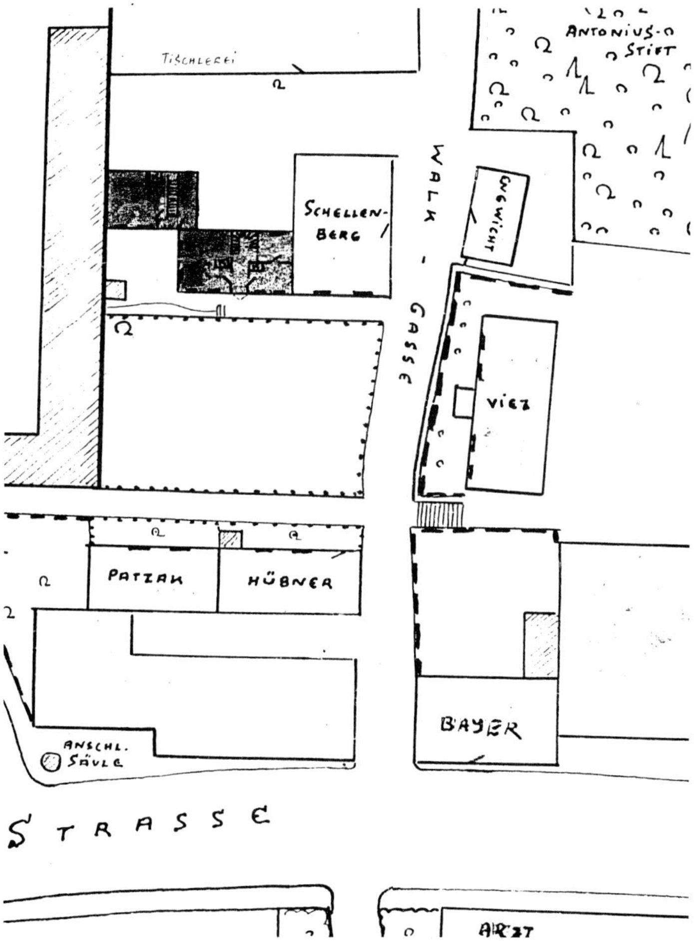

15 Arno Schmidts Planskizze der Walkgasse (Ausschnitt).

Die Gebäude der Walkgasse wurden ab dem Haus der Familie Vietze (Schmidt schreibt »Viez«) von der Äußeren Naumburger Straße aus auf der rechten Seite hinauf bis zur Einmündung in die Äußere Görlitzer Straße (als letztes die Molkerei) fortlaufend gezählt und dann wieder herunter. – Die Häuser am Eck Walkgasse/Äußere Naumburger Straße zählten zu letzterer (Nr. 2 und 4). Die Eintragung Arno Schmidts beim Haus Äußere Naumburger Straße 1, »Arzt«, bezieht sich auf Dr. Franz Hansch, Sanitätsrat, praktischer Arzt.

Ein paar Erläuterungen zu Schmidts Skizze:

Die eingezäunte freie Fläche zwischen den Häusern Schmidt-Schellenberg und Patzak-Hübner war der Gemüsegarten der Stärkefabrik. Das unbeschriftete Areal zwischen Bayer und Vietze waren Werkstatt und Garten des Kupferschmiedemeisters Felix Schulze (der Äußere Naumburger Straße 23 wohnte). Im Eckhaus Am Graben 1a, dem Haus hinter der Anschlagsäule, wohnte jemand namens Gottwald. Die von Arno Schmidt eingetragene Familie Bayer (Äußere Naumburger Straße 4) zog um 1930 nach Danzig (Oliva).
Erwähnenswert vielleicht noch, daß im Haus Äußere Naumburger Straße 2 (an der Einmündung Walkgasse und gegenüber der katholischen Kirche) eine Familie Theunert wohnte (laut den Adreßbüchern 1930/31 und 1937/38). Sind Namen wie Theunert oder Hübner auch nicht ungewöhnlich, hat es doch zumindest einen Hauch von Absicht oder unbewußter Reminiszenz, daß zwei zentrale Frauengestalten so heißen – Line Hübner im »Steinernen Herz« (1956) und Hertha Theunert in »Kaff auch Mare Crisium« (1960). (Möglicherweise mit autobiographischer Methode, siehe Lore Peters in »Brand's Haide« in geheim androgynisierender Verbindung mit dem wichtigen Edgar Peters, Mitschüler auf der Volksschule Pröbenweg, Hamburg-Hamm; vgl. »Porträt einer Klasse«, bes. S. 157f.)

16 Das Vis-à-vis Arno Schmidts: Blick auf die Häuser Nr. 13 (links, mit dem von Schmidt in seinem Lageplan eingezeichneten kleinen Schuppen unter dem rechten Fenster) und 14 (von dem Baum rechts teilweise verdeckt).

17 Hinter dem Haus der Schmidts, vom Garteneck aus. (Im Vordergrund ein Sohn des Nachbarn Joseph Schellenberg.)

Blick auf die Bau- und Möbeltischlerei Schober (Nr. 10; vgl. den Hintergrund von Abb. 9) mit fatidikem Sarglager, dahinter Haus Nr. 9; hinter diesem wiederum die Walkgasse verlaufend. Durchblick auf die Bäume des Antonius-Stifts. Rechts die Nordwestkante des unmittelbar anschließenden Nachbarhauses Nr. 11.

[. . .] ich ging schnuppernd an den neuen Brettern entlang. Holz interessiert mich immer maaßlos: Ich hatte gern Schreiner werden wollen (nicht Stehkragenproletarier, wie meine Eltern beschlossen hatten [. . .)]
(»Das steinerne Herz«; BA I, 2, S. 116; vgl. auch S. 121)

***Wehe dem Manne,* der nicht wenigstens 10 Mal in seinem Leben bereut hat, daß er kein Tischler wurde! Oder der sich beim Anblick eines neuen Nagels der Vorstellung von appetitlich zubereitetem Holz und kleinklobigem Hammer enthalten kann!**
(»Schwarze Spiegel« (1951); BA I, 1, S. 217)

[. . .] und ich kauerte zufrieden im Hof, und schnitt die feinen Brettchen mit Laub- und Streichsägen, und rieb die Kanten mit Sandpapier, und leimte, und klopfte die feinen Drahtstifte ein: schöne nachdenkliche Arbeit; im hellgelben Abend! (Schöner Beruf: Tischler!)
(»Aus dem Leben eines Fauns« (1953); BA I, 1, S. 337)

Wie im großstädtischen Hamburg, so auch hier im kleinstädtischen Lauban lebte Arno Schmidt unter kleinen Leuten, die sich für ihr täglich Brot krumm und stumpf rackern mußten. Stärker noch als im Rumpffsweg zu Hamburg-Hamm weist die Berufeschichtung in der Walkgasse ›nach unten‹: Arbeiter, Facharbeiter und Handwerker stellen das Gros der Werktätigen; Angestellte sind die Ausnahme, und Beamtenfamilien sind im Gegensatz zur Wohngegend in Hamburg hier, leicht aus der Sozialstruktur der Kleinstadt zu erklären, so gut wie gar nicht anzutreffen. Übereinstimmung bis in das sozialgeschichtliche Detail der Handwerker von Adel – wohnte im Hamburger Haus Rumpffsweg 27 ein Tischler von Thiemen, ist's hier in der Nachbarschaft ein Schuhmacher von Pollheim . . . (Die Daten zur Hamburger Zeit im »Porträt einer Klasse«; speziell siehe S. 200 und 298f.)

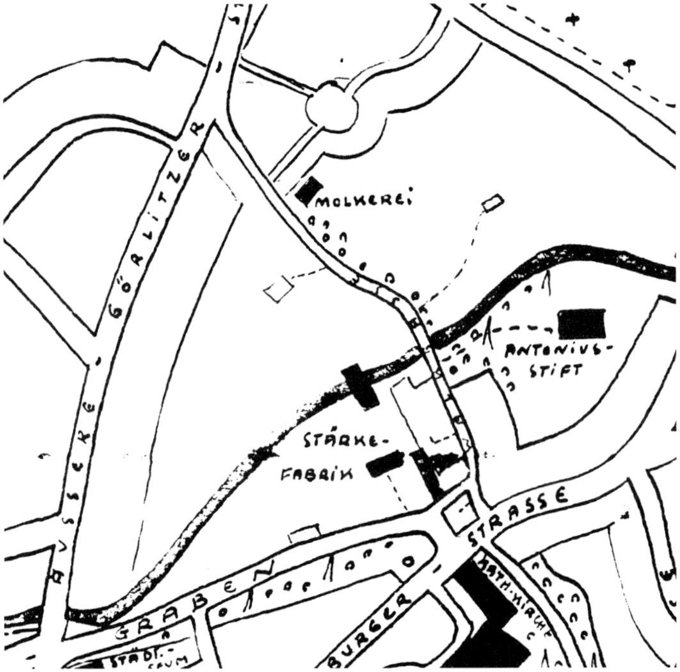

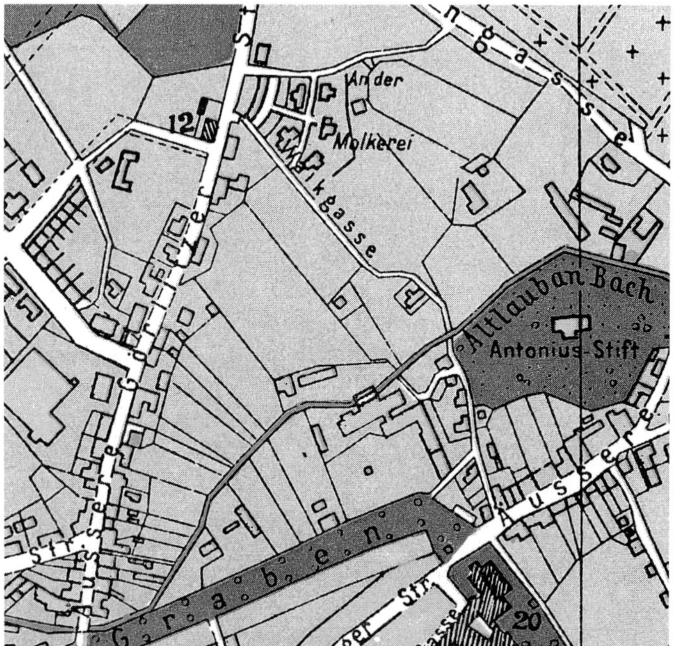

18 Aus Arno Schmidts Stadtplan: Walkgasse und Umgebung. Und zum Vergleich der in diesem Bereich nicht unbedingt zuverlässigere offizielle Plan (falsch eingezeichnete Lage des Verbindungswegs Walkgasse – Am Graben).

Walkgasse.

1 Vietze, Wilhelm, fr. Werkstattschlosser. E. (801)
Stahn, Otto, Schlosser
Gildner, Theophil, Handelsmann
2 Engwicht, Auguste, Säumerin. E. (800)
Böhm, Willi, Kontorist
Scharf, Gustav, Tischler
Tilgner, Oswald, Rentenempfänger
Stelzner, Ernestine, Säumerin
— Josef, Kartenschläger
3 Bertram, Kurt, Gärtnereibes. E. (947)
Kurtze, Christiane, Kehrfrau
4 Lange, Karl, Zimmerpolier. E. (796)
Enders, Emil, Oberkellner
Köhler, Emma, verehel. Provisionsvertr.
Müller, Max, Fabrikarbeiter
Lange, Gertrud, Packerin
Bertram, Paul, Arbeiter
— Hildegard, Kontorgehilfin
— Liesbeth, Verkäuferin
Fischer, Richard, Tischler
Lange, Hilda, Plätterin
Klaus, Lina, Näherin
Vietze, Erich, Schlosser
7 Klemmt, Gustav, Maurer. E. (792)
v. Pollheim, Wilhelm, Schuhmacher
Volkenandt, Heinrich, Schlosser
Menzel, Alfred, Buchdrucker
8 Ludwig, August, Amtsgehilfe. E. (791)
— Martin, Verwaltungsgehilfe
9 Trunczik, Anton, und Ehefrau Berta. E. (790)
Trunczik, Anton, Handelsmann
Neumann, Reinhard, Arbeiter
Wunde, Marie, Rentenempfängerin
— Helmut, Maurer
Gumprich, Anna, Arbeiterin
— Alfred, Zimmermann
— Paul, Arbeiter
Jäschke, Friedrich, Arbeiter
10 Reinsch, Albert, Mechaniker. E. (789)
Säuberlich, Max, Schmiedemeister
Adolf, Alfred, Färber
Frenzel, Auguste, Arbeiterin
11 Schellenberg, Josef, Schneidermeister. E. (788)
— Otto, Handlungsgehilfe
— Alfred, Kassengehilfe
— Margarete, Legerin
12 Schmidt, Klara, verw. Revier-Oberwachtmeister. E. (787)
Kretschmer, Willy, Arbeiter
Schmidt, Lucie, Plätterin
Scholz, Ernestine, verw. Werkstattarbeiter
Plotz, Ida, verw. Bleicher
Schäfer, Bruno, Schuhmachergeselle
Schmidt, Anna, Forstarbeiterin
Tschorn, Agnes, Näherin
13 Hübner, Klara, verw. Lokomotivführer.
14 Patzak, Auguste, verw. Werkstattarbeiter. E. (785)
Schmidt, Gerhard, kaufm. Angestellter
15 Fiedler, Hermann, Landwirt. E. (783)
Fröhlich, Friedrich, Schuhmacher
Gruner, Fritz, Arbeiter
Kuche, Fritz, Arbeiter
Rösler, Anna, gesch. Maschinenputzer
Steif, Selma, verw. Kartonnagenarbeiter
Wache, Paul, Arbeiter
— Max, Arbeiter

19 Die Bewohner der Walkgasse um 1930.

20 Die Walkgasse.

Und Schmidt erhebt sie, die alte Gasse, ganz kurz, wie nebenbei erwähnt, traurig und augenzwinkernd zugleich, zur ›Dichterstraße‹ in seiner durchs Leben ›gebrochenen‹ (in des Wortes mehrfacher Bedeutung) Phantasie vom Weiterleben nach dem Tode im vielbevölkerten Elysium der schriftgewordenen Sprache – eine selbststrafende, schöpferisch-selbstdestruktive Wendung der wolkenhoch und bei aller klarsichtiger energischer Programmatik augenverschlossenen, ideal-glatt schwebenden »Dichtergespräche im Elysium« von 1940/41 ins Realistische, nüchtern Skeptische; »Tina oder über die Unsterblichkeit« (1956):

***»Die Straßen haben nie Personennamen* – nur ganz neutral ›Walkgasse‹ oder ›Schützenstraße‹«. (Einmal eine ›Fischhälter‹).** / **»Am Stadtrand wird enorm gebaut; auf der letzten Buchmesse in Frankfurt waren ja allein 12.000 Neuerscheinungen.«** / **»Die Unberühmten – die große Mehrzahl – die nur in standesamtlichen Eintragungen vorkommen, werden in umfangreichen Barackenlagern untergebracht, wo sie die 100, 200 Jahre bis zu ihrem endgültigen Tode zubringen. Sie sind meist fröhlich, in ›Dorfgemeinschaftshäusern‹, und ›genießen‹ die Zeit zum Teil sogar. [. . .]«**

(BA I, 2, S. 176; mit Schützenstraße ist die in Greiffenberg gemeint, wo Schmidt mit seiner Frau von 1938 bis 1945 in Nr. 4 wohnte (er als Soldat meist nicht); die Fischhälter ist eine Nachbarstraße zur Gerberstraße (Nr. 7 Elternhaus von Alice Schmidt, geborene Murawski) in Greiffenberg.)

Die Bewohner der Walkgasse um 1938, laut zweitem, während Arno Schmidts Aufenthalt in Lauban erschienenem Adreßbuch (das kein Häuserverzeichnis mit Angabe von Eigentümern und Bewohnern enthält, sondern nur ein alphabetisches Einwohnerverzeichnis; sofern Schmidt auf seinem Plan Bewohnernamen eingezeichnet hat, sind diese im folgenden unterstrichen):

Walkgasse 1:	Gildner, Theophil (Handelsmann) Vietze, Wilhelm (früh. Werkst.-Schlosser)
Walkgasse 2:	Engwicht, Auguste (verw. Haushälter) Nowak, Georg (Sattler) Scharf, Gustav (Tischler) Thomas, Marie (Weberin)
Walkgasse 3:	Bertram, Kurt (Gärtnereibesitzer) Kurtze, Christiane (Kehrfrau) [Gartenbaubetrieb]
Walkgasse 3a:	Opolka, Otto (Molkereidirektor) Spiegel, Paul (Arbeiter) [Laubaner Molkerei e.G.m.b.H.]
Walkgasse 4:	Bertram, Paul (Arbeiter) Fischer, Richard (Tischler) Köhler, Emma (verehel. Prov.-Vertreter) Quint, Walter (Tischler) Thekow, Anna (verehel. Kraftwagenführer)
Walkgasse 7:	Klemmt, Gustav (Rentenempfänger) Latton, Johann (Glaser) Pollheim, Wilhelm von (Schuhmacher)
Walkgasse 8:	Ludwig, August (Amtsgehilfe)
Walkgasse 9:	Mielitz, Else (Arbeiterin) Pätzold, Gustav (Arbeiter) Trunczik, Anton (Maurer) Wiedemann, Gerhard (Arbeiter)
Walkgasse 10:	Kuhnt, Otto (Kupferschmied) Reinsch, Albert (Mechaniker) [Tischlerei-Betrieb Erich Schober]
Walkgasse 11:	Guder, Ernestine (Heimsäumerin) Schellenberg, Joseph (Schneidermeister)
Walkgasse 12:	Schmidt, Arno (kaufm. Angestellter) Schmidt, Klara (verw. Revier-Oberwachtmeister)
Walkgasse 13:	Hübner, Klara (Clara) (verw. Lokführer)
Walkgasse 14:	Patzak, Auguste (verw. Werkst.-Arbeiter)
Walkgasse 15:	Garbe, Walter (Maurer) Kluge, Hermann (Webmeister) Scholz, Anna (Legerin)

21 Häuser der Walkgasse vom Menzelberg aus, einer kleinen Erhebung ungefähr auf Höhe des Hauses Nr. 4. Frucht- und Blumengärten im Vordergrund, Reminiszenz an sie in der Erzählung »Der junge Herr Siebold« (1941).

Ganz links hinter dem Baum ein Stück der Straße (Brücke über den Altlauban-Bach), dann die Häuser Nr. 7 und 8. Dazwischen der Giebel des Schmidtschen Hauses. Hinter Nr. 8 die katholische Kirche. Rechts die Stärkefabrik.

Schemenhaft, aus andrem, innerem Raum-Zeit-Gemix, ein kleiner Erinnerungs-Tupfer im Wort-Gemälde, vielleicht:

[...] so daß sie in kurzer Zeit die kleine Anhöhe, schon dicht vor den Toren der Stadt, erreicht hatten. Vor ihnen lag eine Gruppe von einigen Häusern im schwachen Mondschein [...].

(»Die Fremden«; BA I, 4, S. 503; die Häuser, der Tendenz zu Fülle und Größe bei realer Klein- und Magerheit entsprechend, ins Villenartige erhoben.)

22 Das Sankt-Antonius-Stift, dessen Gelände an die Walkgasse grenzt, einige Meter von Schmidts Wohnhaus entfernt (ein Stück der Grenzmauer auf Abb. 13 und 14 zu sehen).

Im Hintergrund links der Turm der katholischen Kirche, rechts die Schornsteine der Stärkefabrik und Haus Nr. 8 der Walkgasse.
Das Stift wurde 1908 vom Laubaner Kloster der Magdalenerinnen erbaut und den Grauen Schwestern von der heiligen Elisabeth als Domizil übertragen. (Kindergarten, Waisenhaus und Altersheim im Stift; ambulante Krankenpflege in der Stadt).

[...] um die halb verfallene Ziegelmauer eines Damenstiftes herum, auf einen sonnigen schmalen Weg, der zwischen unzählig vielen kleinen Frucht- und Blumengärtchen hindurchführte, die mit einer lebendigen Hecke von Buschwindröschen eingezäunt waren.
Busch. –
Wind. –
Röschen. –
So bildvoll und rauschend war das Wort, daß das Herz im Anhören vor Glück erstarb.
(»Der junge Herr Siebold« (1941); BA I, 4, S. 355f.)

23 Blick über das winterliche Lauban.

Aufgenommen von der Haudengasse aus, die nördlich der Walkgasse parallel zu dieser ebenfalls die Verbindung zwischen Äußerer Naumburger Straße und Äußerer Görlitzer Straße herstellte. Links das Antonius-Stift, dann die katholische Kirche. Vor dieser, nach rechts ziehend bis zu den Schornsteinen der Stärkefabrik, die Häuser der Walkgasse. Im Hintergrund nach rechts weiter: der Glokkenturm, der Rathausturm, der Turm der Kreuzkirche. Der Steinberg ganz rechts.

– und dort, in Schlesien sind die Jahreszeitn noch welche!
(»Abend mit Goldrand«, S. 106)

Um die Innenstadt herum

Der Weg zum Bahnhof

[...] der, zuerst gehaßte & mühselige – (man mußte, als ›FahrSchüler‹ ja morgns ne Stunde eher raus; und war dafür mittags ne Stunde später daheim!) – Weg zum Bahnhof; den ich mir aber, der Not gehorchend, sehr bald zum Bilder-Sammeln umschuf: SonnenAufgänge; blitzend grün im Sommer, sternschwarz oder rosaweiß im Winter [...]. Da ward das kalte MondGesicht mir treu; [...] der quietschnde Schnee [...].
(»Abend mit Goldrand«, S. 105f.)

24 Am Graben, winterlich.

Blick zurück Richtung Einmündung auf die Naumburger Straße vor der katholischen Kirche. Links im Hintergrund Am Graben Nr. 1a. Davor ist die Abzweigung, der Verbindungsweg zur Walkgasse hin zu denken.
Zu diesem wie den folgenden Bildern bieten die Pläne (Abb. 7 und 8) Orientierungshilfe.

Ich erkläre hiermit ausdrücklich, daß [meine Mutter] mit ihren Intrigen und erotischen Affären meine ganze Jugend während der Laubaner Jahre (1928–37) vergiftet hat; man rief mir auf den Straßen ›Hurenjunge‹ laut nach; und die ganze unsägliche Einsamkeit und Bitternis jener Jahre (und der späteren!) sind hierauf zurückzuführen. Meine Eltern waren mein Fluch! Aber meine Mutter am meisten!!
(Arno Schmidt, Kastel am 16. 1. 1955; »›Wu Hi?‹«, S. 242)

Gegenüber Ernst Krawehl, seinem Verleger und Lektor, sprach Schmidt bezüglich dieser (einmaligen, mehrmaligen und innerlich vervielfachten?) Begebenheit davon, daß sie beim morgendlichen Weg zum Bahnhof passiert sei, ›am Wall‹, wo plötzlich Fenster mit jenem Ruf geöffnet und dann schnell wieder geschlossen wurden. – Fenster der Häuser hinter den Tannen? Oder der Wallstraße auf dem östlichen ›Umgehungsweg‹ zum Bahnhof?

[...] (und sogar ein Kloster, mit etwelchn ›Grauen Schwestern‹).
(»Abend mit Goldrand«, S. 105)

Das Kloster, 1320 gegründet, gehörte und gehört dem Orden der Magdalenerinnen von der Buße; die Grauen Schwestern hatten ihren Sitz – siehe oben – im Antonius-Stift.
Am rechten Rand der Seite 105 in Schmidts Buch wird die zitierte Bemerkung ergänzt durch einen eingeklebten Ausschnitt eines Antiquariatskatalogs: »277 Lauban/Schlesien. – Skobel, P. Das jungfräuliche Klosterstift zur Maria Magdalena von der Buße zu Lauban in Schlesien von 1320–1821. Hrsg. u. ergänzt bis zur Gegenwart v. E. Piekorz. Mit zahlr. Taf. (1970). Gr. 8°. XIX, 411 S. Oln. (35,–) 24,–« (Das Buch befindet sich nicht in der Nachlaßbibliothek Arno Schmidts.)

Wir gehen westlich, dann nach Süden um die Innenstadt – den östlichen Weg nach Süden vernachlässigend, der den gleichen Phasenablauf hatte: erst der »Promenaden« überwölbendes großes Grün im Sommer, im Winter eine bizarr-schwarzadrige Riesendecke aus Wipfelgeäst, dann die Häuserfronten mit Bäumen und schließlich die Allee der Bahnhofstraße.

25 Blick vom Turm der katholischen Kirche auf die Klosteranlage; in der linken Bildhälfte dahinter das Baumdach der Promenade und rechts daran anschließend Häuser der Wallstraße.

26 »Die alte StadtMauer« (»Abend mit Goldrand«, S. 105); rechts der Giebel des wegen eines Schiffsreliefs über der Einfahrt so genannten Hauses zum Schiff.

27 Das Haus zum Schiff, auch Rostsches Haus genannt nach dem Besitzer; Patrizierhaus von 1703, um 1930 zum Heimatmuseum umgestaltet (in Schmidts Plan Eintrag »Stadtmuseum«).

28 Das von Schmidt in seinem Plan hervorgehobene Salzhaus (altes Vorratshaus von 1539) auf der Haide.

29 Die Einmündung der Promenade (der Fortsetzung von Am Graben) in die von hinten kommende Poststraße, die in den Friedrich-Wilhelm-Platz übergeht; in der Mitte das Amtsgericht (in Schmidts Plan eingezeichnet).

Auf der linken Seite der Poststraße, an der Ecke, wo die Breite Straße auf sie stößt (hier nicht mehr sichtbar), hatte der praktische Arzt Dr. Hans Fraenkel seine Praxis (Nr. 8). Er war Jude. Arno Schmidt erinnert in seinem Kurzroman »Aus dem Leben eines Fauns« (1953) an ihn (Ereignis von Laubaner Zeitzeugen verbürgt):

***Nichts!* Ich weiß nichts! Ich kümmre mich um nichts! (Aber das weiß ich: Alle Politiker, alle Generäle, alle irgendwie Herrschenden oder Befehlenden sind Schufte! Ohne Ausnahme! Alle! Ich erinnere mich der großen Pogrome noch gut; ich vergesse es nicht, wie die SA beim Dr. Fränkel mit der Axt in die Schreibmaschine hackte, unds schrille Klavier aus dem Fenster kantete, bis er Selbstmord beging!: Aber einst wird kommen der Tag, meine Herren Lumpen. Und wehe dem, ders dann ›nochmal versucht‹ mit Euch!)**

(»Aus dem Leben eines Fauns«; BA I, 1, S. 309)

30 Postamt (Mitte) und Kreissparkasse (rechts), ebenfalls von Schmidt auf seinem Plan markiert.

[...] daß jeder Mensch sich im Lauf seines Daseins intensiv mit einer Reihe von ›Großhauswelten‹ auseinanderzusetzen hat. Das beginnt mit der [...] SCHULE; (gegebenenfalls kommt anschließend eine UNIVERSITÄT [...]). Zwischendurch mixen sich, als kurzweilige Stammesunterkünfte noch KINO & THEATER ein; POSTAMT, SPARKASSE [...]: das addiert einen unerhörten Bilderschub, lockert den Steifsten auf und macht Träume.

(»Die Großhauswelten« (1967), in »jahresring 67/68«, S. 216)

31 Friedrich-Wilhelm-Platz mit der Postmeilensäule von 1725 hinter dem Rondell in der Anlage.

Rechts die Häuser Nr. 5 (»Weigt's Bierstuben«) bis 8 des Platzes. Im Hintergrund die Einmündung der Frauenstraße, von der nach wenigen Metern die Bahnhofstraße nach links zum Bahnhof hin abzweigt. Rechts hinter der Meilensäule die Einmündung der Vorwerkstraße, über die Arno Schmidt mit dem Rad, am Steinberg vorbei, hinaus auf die Hohwald-Chaussee fuhr.
Reminiszenz auch an diesen Platz, die Konturen artistisch verwischt, ›Wort-Echos‹ wie »promenieren« – Promenade, »Postmeisterei«, »Friedrichstraße« – Friedrich-Wilhelm-Platz helfen beim Wiedererkennen:

Sie schritten sorgenvoll weiter durch den Schwarm summender promenierender Bürger und bogen in die Friedrichstraße ein, die noch voll heller gelber Abendlichter lag. In dem großen Blumenrondel vor der Postmeisterei balgten sich unbeholfen zwei spielende Hündlein [...].
Und ohne eine Antwort abzuwarten zog er sie [die Gefährten] **eilfertig hinter sich her, über den Postplatz weg [...].**
(»Der Garten des Herrn von Rosenroth«; BA I, 4, S. 441 f.)

Die Petroleumlampen in den Friseurläden werden von den Gesellen gereinigt; man riecht's beim Rasieren; a great and terrible world! –
(Arno Schmidt an Heinz Jerofsky, Lauban, 25. 11. 1933, »›Wu Hi?‹«, S. 62)

Daß von einem »Schützentor« anschließend die Rede ist (S. 442), paßt denn auch – im Sinne einer aus verschiedenen und verschieden zusammenhängenden Einzelheiten der objektiven Welt beabsichtigt beziehungsreich komponierten literarischen Vagheit – gut dazu, daß von der Frauenstraße bald seitwärts eine Schützenstraße (Richtung Steinberg) verläuft . . .

Doch weiter Richtung Bahnhof:

32 Bahnüberführung Frauenstraße (Linie Lauban–Görlitz); Blick zurück in die Frauenstraße – im Hintergrund der Brüderturm, rechts, parallel zur tiefgeführten Bahnstrecke, die hier einmündende Bahnhofstraße.

33 Das von Schmidt namentlich auf seinem Plan eingetragene Hotel Viktoria am Bahnübergang Zeidlerstraße; hinter dem Übergang parallel verlaufend die Bahnhofstraße, links mündet in diese die Börnerstraße ein.

34 Bahnhofstraße Richtung Innenstadt (um 1910; zu Schmidts Zeit demgegenüber keine einschneidenden Veränderungen).

35 Stirnseite des Bahnhofs, Blickrichtung Süd (um 1900; keine baulichen Veränderungen während der dreißiger Jahre).

Toll, wenn man so die Bahnhofstraße sieht; man kennt jede Ecke; täglich bin ich da gegangen; im klirrenden Winter 28/29, im hellblau und kalten Frühling, im kastanienheißen Sommergrün [...]. (»Leviathan oder Die beste der Welten«; BA I, 1, S. 35)

Die breite, langgezogene Allee, das bestätigen befragte Laubaner, prägte sich besonders nachhaltig ein.

36 Westseite des Bahnhofs; das rechte Ende wurde bei den Kämpfen 1945 zerstört.

Die ganze Stadt (und auch hier das Bahnhofsgelände) liegt immer noch unter Beschuß [...].
[...]
Hab mir im Bahnhofsgebäude Hände und Augen gewaschen; das Wasser lief noch. Im Dunkel blinkten die Gläser, die Tische umgestürzt, zerbrochen. Wartesäle: wie oft habe ich in ihnen gesessen, gestanden, Lauban, Görlitz, Greiffenberg, und in die Menschenströme gestarrt; auf allen Stühlen saßen sie, schwatzten, aßen, gingen; ich notierte Allewelt: die sanften Lampen, die bunten Getränke, das starke Rot und Gold der Salem-Packungen; Lichtdunst der Bahnsteige; helle Zugfenster perlten in die Nacht. –
Dennoch zieht es hier wie die Pest; bloß raus.

(»Leviathan oder Die beste der Welten«; BA I, 1, S. 35 und 37)

Kurzer Bild-Exkurs nach Görlitz und Greiffenberg:

Ich fragte keuchend: »Wissen Sie noch – Görlitz. Die kühle Bahnhofshalle. An Sommermorgen. –«
(»Leviathan oder Die beste der Welten«; BA I, 1, S. 43)

Ähnlich wiedámals; in der riesich=halbdunklen Girl=litzijen Bahnhofshalle [...].
(»Zettels Traum«, S. 229)

37 Halle des Görlitzer Bahnhofs (um 1920).

Am 7. 8. Sonntags 6 Uhr abends konntest Du in unserem alten Stammlokal (falls vergessen: Wartesaal 2. Kl. Bahnhof) 2 reisefrohe Menschen sitzen sehen [...].
(Alice Schmidt an Rosa Junge am 19. 8. 1938, Greiffenberg; Bericht über ihre und Arnos Reise nach England; »›Wu Hi?‹«, S. 93.)

Früher, als Twen, eingeklemmt in einem schiachen Beruf, hatte ich ›Bahnhofswirtschaften‹ frequentiert [...].
(»Caliban über Setebos« (1964); BA I, 3, S. 482)

38 Wartesaal 2. Klasse im Bahnhof Greiffenberg (Mitte der zwanziger Jahre).

39 Gleisanlage, von Süden (Kerzdorfer Gemarkung) aus gesehen; von links nach rechts: Steinberg, Reichsbahnausbesserungswerk, Bahnhofsgelände.

Vom Bahnhof kam das Geräusch rangierender Güterzüge [...].
(»Abend mit Goldrand«, S. 106)

(Tcha, Lauban): [...] Große TaschntuchFabrikn; Eisenbahn-AusbesserungsWerk.
(»Abend mit Goldrand«, S. 105)

40 Eine der Hallen im Reichsbahnausbesserungswerk (Blick auf die Lehrlingswerkstatt).

(Mittags, der Weg vom Bahnhof, war gänzlich banal: flacher Tag; zuviel Menschn unterwegs).
(»Abend mit Goldrand«, S. 106)

Gehen wir ihn dennoch.

Durch die Innenstadt

Auf der Bahnhofstraße zurück, bei der Einmündung in die Frauenstraße nach rechts, auf den Brüderturm zu:

41 Rechts die Capitol-Lichtspiele (Frauenstraße 13), um die Mitte der dreißiger Jahre erbaut.

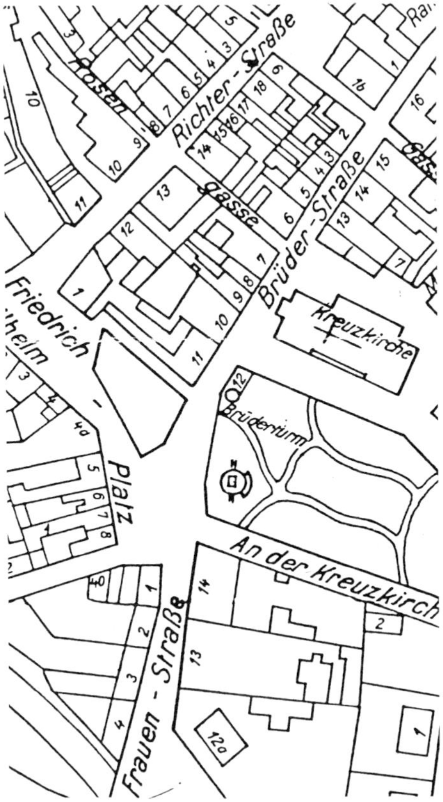

42 Plan Frauenstraße–Brüderstraße–Richterstraße (Ausschnitt).

'n Kino gab's auch; klar.
(»Abend mit Goldrand«, S. 105)

Sogar mehrere. Neben dem Capitol das Welt-Theater in der Richterstraße, um 1930 noch die Kammer-Lichtspiele am Markt und die U. T.-Lichtspiele (laut Adreßbuch).

Der ›BrüderTurm‹ [...]: Überbleibsel aus den HussitenKriegen [...].
(»Abend mit Goldrand«, S. 105)

Zum Brüderturm: Relikt des 1273 von den Laubaner Bürgern gestifteten Franziskanerklosters und der daneben befindlichen Franziskuskirche, die beide, nach mehrmaligen Zerstörungen, den großen Stadtbrand von 1534 nicht überdauerten und nicht wieder aufgebaut wurden. – Brüderstraße und Mönchsgasse erinnern mit ihren Namen noch an sie (›Brüder‹: Mindere Brüder, Minoriten = Franziskaner).

43 An der Einmündung der Frauenstraße auf den Friedrich-Wilhelm-Platz, Blick in die Brüderstraße; im Vordergrund der Brüderturm, rechts anschließend dahinter die Kreuzkirche; außen das Kaiser-Wilhelm-Denkmal. Am Ende der Brüderstraße der Rathausturm.

44 Blick zurück von der Einmündung Rosengasse (rechts) durch die Brüderstraße: links der Eingang zur Kreuzkirche, dahinter der Brüderturm.

Rechts (Schild mit weißem Kreuz) die Drogerie Dr. Drawe & Wolff.
1951 schreibt Arno Schmidt die Erzählung »Schwarze Spiegel«, eine ambivalente Ausmalung, durchdrungen von Lust und Angst, wie es für ihn – ein erster oder letzter Mensch auf Erden – wäre nach der Ausrottung des Menschen durch den Menschen, da die Aggressionsexplosion nicht mehr zurückzuhalten war. »Und ich war erst Anfang Vierzig; wenn Alles gut ging (?) konnte ich noch lange über die menschenleere Erde schweifen: ich brauchte Niemanden! – « (BA I, 1, S. 211) Schwacher Aushauch des allerletzten ABCs umgibt ihn, atomare, biologische, chemische Gifte; nach Unversehrtem sucht er, spielerisch neugierig ist er geblieben; irgendwann bricht er einen Briefkasten auf und liest in den Briefen.

45 Das Geschäft Brüderstraße Nr. 7 (vgl. Abb. 8; Schmidt zeichnete es etwas ungenau ein, nämlich dort, wo das Haus Nr. 5 stand).

»*Gestern ging ich* am Hause Deiner Eltern in der Brüderstraße vorbei, und habe, im Schatten der Kirche, lange ins Lampenlicht gestarrt, bis die Fenster neidisch und scheinheilig anliefen, wie Nachbarsaugen; die kranke bleiche Abendluft kam, kalt und süß, wie eine schlanke grauhaarige Geliebte, ›zart und schwerfällig‹ fiel mir ein, und ›Nebel‹, ach unser Leben.« Ich runzelte strenge und bitter Brauen und Mund und sann ins gesplitterte Holz, stöhnte durch die Nüstern, nickte, lachte höhnisch, weiter: »... Morgen lasse ich ›das hier‹ im Stich, und fahre zu Dir! Lange kann es ohnehin nicht mehr dauern, und wir wollen wenigstens noch eine Stunde zusammen ..«
***Ich faltete schamhaft* den Bogen wieder, und grüßte mit Haupt und Hand den Kollegen Schattenreisenden: fahr nur zu Deiner Johanna! Hoffentlich hast Du sie noch erreicht, ehe die Wasserstoffbombe neben Eure Umarmungen schwebte, einmal lebt ich wie Götter und mehr bedarfs nicht (ist aber auch cosa rara, und das wiederum eine Oper von Martini).**
(BA I, 1, S. 207; vgl. den Schluß der »Gelehrtenrepublik« [1957])

Dr. Drawe & Wolff
gegenüber der Kreuzkirche Fernruf 167
Kreuz-Drogerie. Fabrikation pharmaceutischer und kosmetischer Spezialitäten

Sehnsucht nach Liebe und Auflösung, Wegsein aus dem irdschen Jammertal, über alle Maßen.
Wer diese Johanna war? Arno Schmidts übermächtige und unerfüllte Erste Liebe, die ihn für den Rest seines Lebens nicht mehr losließ, Johanna Wolff, die Tochter des Drogisten Paul Wolff aus der Brüderstraße 7.

Nie hat Arno Schmidt »seine Johanna« angesprochen, nie ihr eine Zeile gesandt, jeden Kontakt mit dem Objekt seiner Begierde geradezu phobisch vermieden, ob während gemeinsamer Bahnfahrten vor und nach dem Schulunterricht in Görlitz, ob bei zahlreichen anderen Gelegenheiten, wenn Johanna Wolff Freundinnen aus Schmidts Nachbarschaft besuchte. (Sie war befreundet mit Edeltraut Hübner, der Tochter Clara Hübners von gegenüber, Walkgasse 13 – engere Kontakte zwischen den Familien Wolff und Hübner bestanden bereits aufgrund gemeinsamer Schulzeit und -freundschaft der Mütter –; sie war auch befreundet mit Gertrud Bayer, der Tochter der Familie aus der Äußeren Naumburger Straße 4.) Zu jener Zeit war Schmidt wohl nur fähig, sich vorsichtig allenfalls wenigen gleichaltrigen Geschlechtsgenossen, Mitschülern zu nähern.

[(]Ich schaute immer nur SIE an.) / : wie Sie da stand, im blauen Leinenkleid – (hatten nich die Mitgliederinnen eines gewissen ›Louisen=Bundes‹ in meiner Jugend?) [...] (Und was *war* das früher für ein hoffärtijer Balkh gewesn! (Der Vater Drogist?): ich hatte michnich 1=einzijes Mal getraut, sie auch nur an zu reden!)
(»Caliban über Setebos«; BA I, 3, S. 522)

»Erreicht« hat er sie, die er sich vertraut Hanne nannte (und deren tatsächliche Vertraute sie Hanni riefen),

45a Johanna Wolff als Schülerin des Luisen-Lyzeums Görlitz (1928/29).

nur in seiner Phantasie. Wie überbordend und energiegeladen diese Initialprojektion all seiner erotisch-sexuellen Wunschgedanken und Empfindungen auf die allein Angeschaute war, davon vermitteln uns seine Texte eine Ahnung. Es kann einen schaudern: Arno Schmidt führte – eine fürchterliche Fixierung – mit einem Phantasma, dem er (androgynisierend) den Namen »Hanne« Wolff gab, lediglich auf der Basis von Jugenderinnerungen ein ›zweites Leben‹, hatte sie vorm inneren Auge bis zu seinem Tod, sah »Hanne« als Mädchen, als junge Frau, sah sie mit Grausen, mit Grausen vor sich selber, älter werden, zerfallen, wie er selbst zerfiel, bis kurz vorm Grab, wieder auferstehen in Tochter- und Enkelinfiguren, die er ›liebte‹ wie sie, und schrieb's in seine Bücher.

***Traum* [...]*:* Neben H. gebückt vor einem Schneesturm dahergehend; [...] (links noch was Unscheinbares Freundinniges ohne Gesicht; also wahrscheinlich G.).**
(»Das steinerne Herz«; BA I, 2, S. 44 f.)

***Je weiter sich also* die Geliebte entfernt: desto tiefer dringt sie in uns ein. Und ich drückte die Stirn auf die Kniee und flocht Finger durch Zehen.**
(»Schwarze Spiegel«; BA I, 1, S. 213)

Arno Schmidt geb. 18. 1. 1914 gest. 3. 6. 1979		Johanna Wolff geb. 28. 3. 1913 gest. 2. 10. 1980
	heiratet	
am 21. 8. 1937 in Lauban Alice Murawski geb. 24. 6. 1916 gest. 1. 8. 1983		am 22. 10. 1938 in Lauban Dr. jur. Heinrich Bittorf geb. 10. 5. 1908 gest. 3. 8. 1987

H.W ist die
1.) H.W des ›Leviathan‹
2.) Gadir (gegen Ende)
3.) ›Lore‹ d. ›Brands Haide‹
4.) ›Käthe‹ d. ›Fauns‹
5.) ›Friederike Methe‹ d. ›Setebos‹
(Notizzettel zu »Julia, oder die Gemälde«, dem unvollendet gebliebenen letzten Buch)

Daß Arno Schmidt nicht von Johanna Wolff loskam, muß er zunehmend bedrückend, aggressions- und depressionsauslösend empfunden haben: Ab der ersten Hälfte der sechziger Jahre tritt in seinen Prosatexten eine gravierende Änderung ein. Endeten die Geschichten, die er nach dem Zweiten Weltkrieg um den Zentralgedanken seiner Bindung an Johanna Wolff quasi herumschrieb, bisher damit, daß sie ihn verließ (oder allenfalls gemeinsam mit ihm in den Tod ging), nachdem er sie wie auch immer ›erobert‹ hatte, wendet er sich nun, umgekehrter Bewältigungsansatz, von ihr ab, sucht sie auf, um sie endgültig zu verlassen, ohne sie ›besessen‹ zu haben (»Caliban über Setebos«), akzeptiert, daß ein anderer sie geheiratet hat – und wenn's der engste Schulfreund war (»Zettels Traum«), oder, ein letzter armer Trick, *sie* hat *ihn* vergeblich angehimmelt (sie heißt hier Hanne Meinardi (»DAS ALTE WEIB«), von Asthmaanfällen geschüttelt, »Vollkommneres an Häßlichkeit ist schwerlich zu erdenken«; er William T. Kolderup, »ihn könnt' man zweifellos genauso abmal'n«):

(: achjá : die alte Hanne nochma';
›Hinter den Grüften‹ . . .
[. . .]
DAS ALTE WEIB [. . .]: »[. . .] WeißDu, daß ich Dich mehrmals geliebt hab'? (Du=mich nie, was ?)«
KOLDERUP: »Nein.«; (er Du tosset ?).
[. . .]
»Hanne – : verstéhsDu mich noch ?
[. . .]«
[. . .]
(und nun schweigen sie=Beide. [. . .] / Ein Auseinander.).
(»Die Schule der Atheisten«, S. 8 u. 9 und 13f.; »er Du tosset?«: dänisch, »spinnst Du?«)

Jener Bekenntnis- und Resümee-Zettel zur »Julia« ist, wie man sieht, alles andere als vollständig. Der ›Wolff-Komplex‹ in Schmidts Werk reicht wesentlich weiter, bis in feinste Bedeutungsverästelungen der jeweiligen Texte. Knapp umrissen (zur destruktiven Seite dieses Komplexes siehe S. 68f., 83, 101 und 102f.):
Bei seiner außerordentlich starken Konzentration auf das Einzelwort ist es nicht weiter verwunderlich, daß er alles, was phonetisch oder semantisch in den verschiedensten Sprachen mit ›Wolf‹ zu tun hat und in den engen Maschen seines Gedächtnisses hängen blieb, mal offensichtlich, mal versteckt tausendfach und -fältig seinen Wortgeweben in Zettel und Schuß einnähte – einige Beispiele folgen im Nonnenbusch-Kapitel (S. 66ff.).
Eva Wolf – Eva, die erste Frau, die Frau schlechthin – heißt die weibliche Hauptgestalt im Jugendwerk »Die Fremden« (wie alle Juvenilia von Schmidt seiner Frau Alice überprojizierend zugedacht). Dies ist besonders interessant, weil gut deutbar als idealische Vorform der Hanne Wulf im »Leviathan« und als probeweise Ablösung der oberflächlich klar Alice umspielenden Frauenfiguren früherer juveniler Novelletten (Alice, Ecila, Elv) – der Schriftsteller Arno Schmidt wird langsam ›ehrlicher‹ (und reifer), wenn auch, wie um das, was hinter der Namenswahl Wolf steht, ängstlich zu entschärfen, Evas Mutter den gleichen Vornamen, Else, und Familienstand, geschieden, wie Schmidts Schwiegermutter besitzt. Für die Verbindung zwischen der sanften Eva Wolf ohne Charakterkanten und der ganz anders gearteten Hanne Wulf (Anna Wolf) ist eine Szene besonders signifikant – wichtig der Topos des Wiedererkennens und das Stilmittel der Namensgemination:

»Also; aus Deinem Haus tratest Du, Hans, Hand in Hand mit einem jungen Mädchen, welches ich sofort wieder erkannte. Es war Fräulein Wolf – Eva Wolf – und um Eure Gesichter war ein weißer silberner Schein von so unsäglichem Glück [. . .].«
(»Die Fremden«; BA I, 4, S. 525)

Ich habe sie gleich wiedererkannt ! (Zuerst sah ich nur die dünne ältliche Frau, ihre Mutter.) Sie trug einen braunen weiten Pelzmantel,

schwarz geströmt. Bis sie sich umwandte. Sie hob sofort wieder erstaunt und kalt amüsiert die linke Augenbraue und schob das Kinn vor; dann schwenkte sie einen großen Koffer hoch in den Wagen.
[...]
Ich liege ganz vorn in der Ecke, und neben mir Anne Wolf; Anne Wolf.
(»Leviathan oder Die beste der Welten«; BA I, 1, S. 36 und 37; in der Erstausgabe lautet der Name Hanne Wulf.)

Johanna Wolff als amüsiert Kühle, Distanzierte, raffiniert Überlegene, Situationsbeherrschende, herausfordernd »Hoffärtije« – »ihr Marlene-Dietrich-Profil verstörte mich wieder in selige Knechtschaft« (»Leviathan oder Die beste der Welten«; BA I, 1, S. 43; Frauentyp in den dreißiger und vierziger Jahren, NS-UFA-stilisiert, ›Dämon Weib‹, flachbrüstig und in Hosen): Diese Arno Schmidt wohl zutiefst lockende und zugleich peinigende Vorstellung von ihr kehrte nicht nur in den von ihm genannten Frauenfiguren aus »Leviathan«, »Brand's Haide« und »Aus dem Leben eines Fauns« wieder, sondern beeinflußte auch mehr oder weniger stark das Charakterbild weiterer weiblicher Hauptgestalten in Geschichten aus den fünfziger Jahren, so, kaum abgeschwächt, Monika aus »Alexander oder Was ist Wahrheit« (1953) oder, zurückgenommener, Agraule aus »Kosmas oder Vom Berge des Nordens« (1955) anfänglich in ihrer Beziehung zu Lykophron (übertragen: ›Einer mit Wolfsverstand‹) ebenso wie Lisa Weber gegenüber dem Erzähler in »Schwarze Spiegel«.
Wo in Schmidts Werk eine weibliche Figur auftaucht, die er in seinen Phantasien nachhaltiger mit Johanna Wolff verbunden hat, sind in der Regel ein Bahnhof oder eine Zugfahrt nicht fern, offensichtliche Reminiszenz an die Orte, wo sie, Laubaner Lyzeumsschülerin in Görlitz, sich ihm hauptsächlich einprägte. So in »Leviathan« mit der Schilderung des ›letzten Zuges‹ im Februar 1945 von Lauban nach Görlitz, so in »Brand's Haide« beim endgültigen Abschied (»Willst Du mich – noch – einmal se-e-hen: / mußt Du auf den Bahnhof gehn!: / in dem gro-hoßen Warte-Sa-a-l / siehst Du mich zum allerle-hetz-ten Mal ...« [BA I, 1, S. 185]), so in »Aus dem Leben eines Fauns« zu Beginn, beim Einstieg in den Zug: »*Die große weiße Wölfin* [Käthe Evers hier genannt]*:* knurrte den Gruß, setzte sich wild und zerrte das Schulbuch an einer Ecke heraus; dann zog sie viele zackige Tintenfäden aus dem Füller, duckte sich, und sah mit den runden Augen in ein unsichtbares Loch. Mein roter Gedankenschwarm kreiste ein bißchen um sie rum, knarrend, mit runden Augen, gelbgeränderten. (Dann kam aber schon wieder ein schwarzer, und ich wetzte den Mund und starrte ablehnend auf die schmutzigen Lattenbänke[.]« (BA I, 1, S. 302) Auch hinter der Schlüsselszene der ›Vorzeithandlung‹ in »Zettels Traum« dürfte eine Wunschphantasie um Johanna Wolff, freilich mit vertauschten Rollen, gestanden haben: Gemeinsame Lauban-Görlitzer Fahrschülerzeit des Ich-Erzählers Daniel Pagenstecher, seines Freundes Paul Jacobi (klanglich nicht allzu weit entfernt von Jerofsky) und der von beiden begehrten »LyzeumsSchülerinn« (S. 786) Wilma, die Paul – auch Widerhall des Vornamens von Johanna Wolffs Vater – im Zug vor den Augen des Schmiere stehenden Daniel defloriert (vgl. weiter unten S. 92; daß das Riesenbuch »Zettels Traum« insgeheim Johanna Wolff gewidmet ist: siehe S. 68).
Welcher Maskierungen der um Johanna Wolff kreisende schmidtsche Gedankenschwarm fähig war, zeigt weiter eine Expositionsszene in der »Schule der Atheisten«. Rollenwechsel haben stattgefunden, die Fronten sind vertauscht: Ein junger »Pharmazeut« (S. 32) tritt auf, der Apotheker Fritz Dümpfelleu, der die Fahrschülerin Suse liebt, wogegen ihr Groß-Vater, der alte Kolderup, sein Maul »halb Schwert halb WolfsGrube« (S. 57), die Figur mit den meisten Ich-Anteilen Schmidts, entschieden etwas hat. Dümpfelleu, auch junger Dichter, der seinen Augenstern Suse mit schwülstig nachahmenden Evokationen an den Himmel der Literatur zu setzen versucht, tritt auf »mit der Bemerkung, daß er [...] das Kräuter-Weib mime [...]: ›Die alte Hanne Meinardi kann ja nich hintn hoch –‹« (S. 17). Was für ein arm-böses Satyrspiel nach der Tragödie einer unerfüllten Liebe ... Es versteht sich, daß

er seine Briefe an die Geliebte abschickt und sie von ihr auch gelesen werden – »›Briefe an eine Jungfrau über die vornehmsten Gegenstände der Pharmazeutik‹, eh?« (S. 20) Selbst das Stehen vorm Haus der Geliebten verläuft erfolgreicher: Sie tritt heraus, und man kommt ohne Umschweife zur Sache, daß Suse »die Hausthür' im Rücken rumpplt: "« (S. 57f.) Und geheiratet wird schließlich auch noch.

Johanna Wolff hat geheiratet: Was hier von Lustspiel- und Commedia-dell'arte-Komik fast bis zur Unkenntlichkeit umsponnen erscheint, stach Schmidt, der ein Jahr vor ihr eine Ehe eingegangen war, in seinem Narzißmus beträchtlich – Johanna Wolff wurde ihm endgültig ›untreu‹, und welche verzweifelt sehnsüchtigen, eifersüchtig-todwünschenden Phantasmen knüpfen sich daran:

»Wann hat Alfred denn zuletzt geschrieben?« Sie antwortete gleichmütig: »Am liebsten ließ ich mich scheiden –«. Es war ein Ruck, sie hatte also geheiratet (natürlich; ich hatte damals ja auch überhaupt nicht mit ihr zu sprechen gewagt; sie immer nur gesehen; damals).
(»Leviathan oder Die beste der Welten«; BA I, 1, S. 41)

Ich schob die Schuhspitze an den Rand des nächsten Sonnenflecks und bat: »Sind Sie auch allein?!« Sie überlegte, gerade so wie man soll; dann wiegte sich ziervoll der Lippenkelch: »M-m.« [. . .] »Katrin,« deklamierte sie düster: »und eine arme Witwe.« (Der Mann 44 nach halbjähriger Ehe gefallen [. . .].)
(»Die Umsiedler« (1953); BA I, 1, S. 266)

45b Johanna Wolff mit ihrem Kind Gabriele; Lauban 1943.

Das Verlangen nach einem zärtlich-erotisch (onkelhaft) geliebten Kind drückt sich in den buchgewordenen Phantasien Schmidts, der Kinderlosigkeit verfocht und oft genug literarischen Alter egos die Rolle des einsamen (der Unerreichten doch irgendwie ›treugebliebenen‹), begehrten Hagestolzes zuschrieb, ab »Zettels Traum« immer manischer aus. In der »Schule der Atheisten« umsorgt Kolderup die Enkelin Hanne Meinardis, Nipperchen, in »Zettels Traum« Daniel Pagenstecher Franziska (androgynisierend häufig Fränzel gerufen), die ihn anhimmelnde Tochter Wilma und Paul Jacobis, der Lauban-Görlitzer ›Zug-Verbindung‹. Die jungen Mädchen werden geliebt, wie einst der Held der »Fremden« seine Eva Wolf liebte. Der Kreis hat sich geschlossen.

In »Zettels Traum« erscheint noch eine andere Gestalt mit schlesischer Vergangenheit, eine junge Frau, Buchhändlerin, Gabriele Bäsold, in der Fiktion Tochter des für Schmidts Bücherlust so wichtigen Görlitzer Antiquars Bäsold. Der hatte jedoch – nach Heinz Jerofskys Erinnerung – keine Familie, wohl aber Frau Bittorf (ebenfalls zweisilbiger Name und mit B beginnend) ihre, 1943 geborene, Gabriele . . .

Wußte Schmidt um Johanna Wolffs Familie, hat er tatsächlich, wie in »Caliban über Setebos« ausgemalt, recherchiert? »(Apropos ›Patenstadt‹: die hatten mir, auf den bloßen Mädchennamen hin, umgehend IHRE Adresse mitteilen können. Müssen ja ganze behördengroße Apparaturen sein; [. . .] die davon leben, daß sie nichtmehrexistierende schlesische oder pommersche Ortschaften rekonstruieren, ›als wäre nichts geschehn‹ [. . .].« (BA I, 3, S. 479)

Arno Schmidt und Johanna Wolff: Man sieht jemanden, ist von ihm irgendwie affiziert und baut ein Gedankenspiel um ihn, ohne daß der oder die Betreffende davon weiß. Ein nicht gerade ungewöhnlicher Vorgang. Außergewöhnlich freilich, wenn eine lebenslange, auch schmerzvoll als gegen sich selbst gerichtet empfundene Fixierung daraus wird, ohne die lediglich auslösende Person je näher und länger gekannt zu haben, sie zu okkupieren, ohne sie real auch nur zu tangieren – Freiheit und Gewalt der ›boyish poet-love‹ –, mit ihr zu ›leben‹ in variierenden Masken und Kulissen – Fouqué hat seine Undine, um das von Schmidt aus selbstschützender Orientierung am Literaturideal gewählte Vorzeigebeispiel zu nehmen, immerhin getroffen und gesprochen... Merkwürdiges Schicksal, Auszeichnung und Strafe: sich als Figur in Büchern wiederfinden und es dennoch nicht sein.

Gehen wir weiter durch Lauban. Parallel zur Brüderstraße die Richterstraße: Auf der linken Straßenseite in Nr. 7 (mit den drei hellen (Plakat-?)flächen) das Welt-Theater-Kino und das Theater-Café.

***Vor einem Filmplakat:* die Wölfin mit Schulmappe.**
(»Aus dem Leben eines Fauns«; BA I, 1, S. 325)

46 Richterstraße Richtung Markt.

47 Vorbild der ›Konditorei mit Musik‹ im »Garten des Herrn von Rosenroth«? (Klavier auf dem Podium im Hintergrund rechts.)

Kaum waren die Drei eingetreten, da schoß auch schon die quecksilbrige kleine Gestalt des Kuchen- und Zuckerkünstlers auf sie zu, und begann mit großen rollenden Augen und bildenden Händchen zu gestikulieren: »oh, signore Franke – musica, musica – spiele sie erst – ah! – die marcia reale, und, und –.« »Die ›marcia Strozzi‹?!«, schlug Wenzel verbindlich sich verneigend vor, aber das Männchen mit der zwei Fuß hohen weißen Mütze wirbelte schon vor ihm her zu dem kleinen Klavier, welches auf einem schmalen polierten Podium stand, und schob die beiden Anderen an das schmale Tischchen dahinter – »spiele sie nur – ah – pim, pim, pim –« [...].
(»Der Garten des Herrn von Rosenroth«; BA I, 4, S. 443)

Ein Lob noch der Stadtbibliothek (im Rathaus untergebracht), die ich fleißig benützt habe; und ihrem LeseSäälchen, wo immer die neuesten expressionistisch'n Anthologien standn.
(»Abend mit Goldrand«, S. 106)

Im ansatzweise sichtbaren Haus rechts von der Zieglerschule die Fleischerei Hentschel (Richterstraße 1); ein Sohn der Familie ging mit Arno Schmidt in Görlitz zur Schule.

Und then I remember a boy, he had – oh, I don't remember his name. Uh, when he was in the gymnasium. The boy committed suicide. That was in, in Silesia already, in Greiffenberg.* [...] That had been a very handsome boy.

***AS: nein, in Lauban-Görlitz – er hieß Georg Henschel, der Sohn eines reichen Fleischermeisters; (ich weiß noch viel von ihm).**
(Aus den Erinnerungen von Arno Schmidts Schwester Luzie, mit einer Anmerkung von ihm; »Porträt einer Klasse«, S. 269. Heinz Jerofsky wiederum kann sich an Georg Hentschel überhaupt nicht erinnern.)

Gerhard Hentschel
Lauban, am Markt. Tel. 233. Fleisch- u. Wurstwarenfabrik. Versandhaus für feinste Dauerwurst. Frühstücks-Stube.

48 Die Zieglerschule (Richterstraße 2). Darin die von Arno Schmidt irrtümlicherweise ins Rathaus versetzte Bibliothek mit dem Lesesälchen.

Städtische Volksbücherei und Lesehalle
Richterstr. 2 Fernruf 563
Verwalter: Biblioth. Frl. Rother
Die Volksbücherei ist geöffnet: Ausleihe: Montag und Freitag 5—8 Uhr. Lesezimmer: Montag, Dienstag, Donnerstag, Freitag 4—7 Uhr.
Preis einer Lesekarte 0,20 RM. — Für den Besuch der Lesehalle wird eine Gebühr nicht erhoben.

F = Fenster
T = Tür
A = Abstellraum
B = Büro
R = doppelseitige Regale
AT = Ausleihtheke
S = Schrank für Bilderbücher
L = Lesesaal

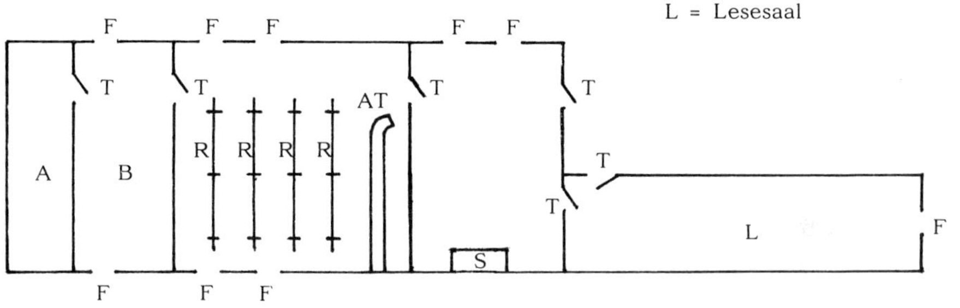

49 Skizze der Städtischen Volksbücherei und ihres Lesesaals in der Zieglerschule. (Weitere Daten zur Lage im Gebäude waren nicht zu ermitteln.)

Dafür, daß Arno Schmidt, dem Bücher überlebensnotwendig waren, Bücherei und Lesesaal fleißig benutzt haben will, ist die Verwechslung des Standorts (im Rathaus befand sich an Bibliotheksähnlichem lediglich das Stadtarchiv, freilich ohne Lesesaal) eine bemerkenswerte Fehlerinnerung. Woran es gelegen haben mag? An Schnabels »Insel Felsenburg«, pointiert gesagt. Ein weit zurückliegendes Gedankenspiel Arno Schmidts könnte sich nämlich hier nachhaltiger und tiefer als die objektive Realität eingeprägt und diese im Gedächtnis überdeckt haben.

Der gewaltige Sog, den Johann Gottfried Schnabels Riesenroman (1731–1743) um die Zentralidee der abgelegenen Schutz- und Trutzinsel im Südmeer, Ort der Ruhe und Geborgenheit für eine kleine Schar aus Plage, Not und Qual Geretteter, auf Schmidts Psyche ausübte, gehörte zu den literarischen Elementarerlebnissen seines Lebens. Mit der Insel Felsenburg verknüpfte er in den »Fremden« den Gedanken vom ›Dimensionstor‹, den er besonders im letzten Werk, »Julia oder die Gemälde«, über dem er starb, wieder ausfabulierte. Fiktive Realität soll an einer raumzeitlichen Stelle die objektive durchdringen, um einen Übergang von der einen in die andere Dimension zu ermöglichen. Ein solches Tor öffnet sich in der Geschichte von 1942 wo? Im »Archiv« (BA I, 4, S. 535 und 544) eines Rathauses, das auch Laubaner Züge trägt (siehe unten) und Bibliothekscharakter hat – Schnabels Buch steht unter anderem dort.

Kauff erblickte zwischen den tiefen braunen Regalen eine schmale vor Alter gedunkelte Tür, welche er noch nie zuvor in den wohlbekannten [sic!] **Räumen gesehen hatte. »Was ist das für eine Pforte?«, fragte er mit zitternder Stimme, aber nur das Schweigen der Vier antwortete ihm. Der Fremde hatte stolz und glücklich das Haupt gehoben und breitete freudig die Arme nach dem wunderlichen halbversteckten Eingang. »Oh, Du heilige, gerechte und allmächtige Phantasie –!« rief er hallend, und die drei sprachen es ehrfürchtig und bejahend nach: »Oh, Du heilige, gerechte und allmächtige Phantasie! – –.« Kauff fühlte sich in der folgenden kurzen Stille unwiderstehlich am Arme gefaßt und zu der verdächtigen Tür hingeschoben; er schüttelte verzweifelt die haltende Hand ab und stürzte hinaus. –**

Und steht auf der Insel Felsenburg.
(»Die Fremden«; BA I, 4, S. 536f.; vgl. »Brand's Haide«, BA I, 1, S. 152f.)

50 Görlitzer Straße, Blick auf die Seitenfront des Hotels Hirsch am Marktplatzeck. Dahinter der Rathausturm. Beim Hotel mündet von rechts die Richterstraße ein (Eckhaus ist Nr. 1).

Als wir beim ›Hirsch‹ um die Ecke bogen, die mir aber toll verziert und viel höher schien, mit ganz schmalen Fenstern und einem mannshohen baumelnden Messingschild [...].
(»Die Fremden«; BA I, 4, S. 520)

Bei Arno Schmidts additivem, konturenverwischendem, mehrfachbelichtendem poetischem Verfahren ist hier mindestens noch hinzuzufügen, daß in Marklissa, im Süden des Queis-Kreises, wohin Schmidt gelegentlich fuhr, sich ebenfalls ein Hotel Hirsch

51 Das Rathaus, erbaut zwischen 1539 und 1541, im 18. Jahrhundert um den Turmhelm erweitert.

an einer Straßenecke des Marktplatzes befand.

[...] im Schatten des Rathaustorweges [...].
(»Der junge Herr Siebold«; BA I, 4, S. 351)

Links vom Portal der Durchgang der Brüderstraße, rechts davon der Ratskeller mit im 19. Jahrhundert zum Fenster umgebautem zweitem Portal. Anschließend das Haus »Hotel Hirsch«.
Im Rathaus Sitz des Magistrats:

[»(]Bei LESSING findet sich irgndwo ein Brief, des Sinnes: der Magistrat von L könne ihn kreuzweis'): »Ich habe dem nichts hinzuzusetzen.[«]
(»Abend mit Goldrand«, S. 105; siehe auch Arno Schmidt an Heinz Jerofsky am 22. 12. 1937 (»›Wu Hi?‹«, S. 72): »Weisst du etwa, was Lessing in Lauban zu tun hatte? etwa 1746? Ich bringe alle Stadtgeschichtsforscher in Unruhen.«)

Hinzuzufügen wäre dem allenfalls, daß auch der – wie nur je ein guter Dichter – arm-freche Johann Christian Günther mit der Stadt Lauban auf keinen grünen Zweig kam, als er sich dort als Arzt niederlassen wollte ... (Der Dichter und ›seine‹ Stadt.)

Da wenig später im betreffenden Text eindeutige Laubanensia auftauchen, mag auch bei den folgenden Kurzsequenzen Erinnerung an das Rathaus der Stadt mitschwingen:

Nur der Ratskeller war noch schön erleuchtet, und vor der Tür traf ich mit dem Dirigens Beringer zusammen – hm!
(»Die Fremden«; BA I, 4, S. 516)

[...] und ich fand mich, als ich mich recht umsah, in der ersten Morgendämmerung schaudernd vor Kälte auf der Rathaustreppe sitzen.
(»Die Fremden«; BA I, 4, S. 525)

[...] und der [Turm] **auf dem Markte: Überbleibsel aus den HussitenKriegen [...].**
(»Abend mit Goldrand«, S. 105)

Gemeint ist der Krämerturm. – Die auf dem Konstanzer Konzil über Jan Hus verhängte Todesstrafe war die Hauptursache für die sogenannten Hussitenkriege (1419–1436), eine halb religiöse, halb politische Aufstandsbewegung des böhmischen Volkes. Gewaltsame Einnahme Laubans durch die Hussiten Mitte Mai 1427. Verwüstung der Stadt. Mitte März 1431 zweite Einnahme und Zerstörung (diesmal auch des Franziskanerklosters am Brüderturm).

52 Das Rathausportal.

53 Von der Einmündung der Naumburger Straße auf den Markt aus: links der Krämerturm; Krambuden; Rathaus.

Die östliche Marktseite:

54 Eine der beiden Buchhandlungen am Markt (von insgesamt drei der Stadt; die dritte war die Bahnhofsbuchhandlung): unter der Ladenmarkise rechts das Geschäft von Georg Reipprich (zählte zur Nicolaistraße; Nr. 1).

Noch einmal zählte er mit der Hand in der Tasche die wenigen Münzen, dann eilte er rasch die sechs breiten Stufen hinab, überquerte in hastigen Sprüngen den Markt und trat, wie um sich keine Zeit zu nochmaliger Besinnung zu lassen, in das Lädchen des Buchhändlers, der nickend hinter dem schmalen Verkaufstische saß, und den jungen Mann unbeteiligt und blinzelnd anhörte. Dann stand er ächzend und schwerfällig auf, holte den angezeigten abgegriffenen bräunlichen Pappband aus der kleinen staubigen Auslage, strich gleichmütig die wichtig aufgezählten fünf Silbergroschen ein und sank wieder in behaglichen Halbschlummer.

(»Der Garten des Herrn von Rosenroth«; BA I, 4, S. 454)

Weiter Richtung Norden, ›heimwärts‹, der Walkgasse zu:

55 Gymnasialplatz mit Glockenturm, nördliche Blickrichtung. Zur Historie siehe Abb. 5 und Legende.

[...] er schüttelte den Kopf und trippelte weiter vor uns her, um den Gymnasialplatz herum, wo die dunklen Bäume kühl und verschwiegen oben miteinander flüsterten. Winzige Nebelflöckchen saßen in den Astgabeln und kicherten lustig miteinander; ab und zu lief wirbelnd ein vorjähriges Blatt vor uns her auf den kalten trockenen Steinen, bis es raschelnd zur Seite sprang und flink durch die eisernen Gitterstäbe des Schulgartens kletterte.

(»Die Fremden«; BA I, 4, S. 521)

Erste urkundliche Erwähnung 1317 als Lateinschule. Gebäude nach dem Stadtbrand von 1762 erbaut. 1895 Übernahme der Räumlichkeiten durch die höhere Töchterschule, als das neue Gymnasium in der Breiten Straße errichtet war.

Er sah eine Weile in's Weite, und als wir seinem Blicke folgten, lag dort, wo eben noch das Gymnasium gestanden hatte, ein stiller umbüschter Wiesengrund im ersten Morgengrauen.
(»Die Fremden«; BA I, 4, S. 521)

56 Oben: das alte Gymnasium (späteres Lyzeum); links ein Baum des Platzes.
Unten: Rückansicht mit einem Teil des »stillen umbüschten Wiesengrunds«.

Die Zeiten mischen sich, die Einzelheiten bleiben scharf konturiert in sich, verwischt werden die Trennungslinien, die Räume wandeln sich, und disparate fügen sich flugs ineinander: Der da zaubernd-einbildungskräftig ins Weite sieht, Phantasie zur Objektität zwingt, steht auf dem Balkon eines Hauses, die Eltern strecken ihre Hände nach ihm aus, er tritt auf die Brüstung, breitet »stumm und ganz in sich geschäftig die Arme« – und fliegt, »in weitem schönen Schwunge«. – Das ist die fiktionale Realisation einer Kernphantasie aus Hamburger Kindertagen, der tödlichen Phantasie vom bindungslosen Überleben schlechthin, der Flucht ins Freie durch den Fall:

Die Stube war nicht verschlossen; denn man konnte, obwohl es selten genug geschah, durch sie hindurchgehen, in der derben Dämmerung der häßlichen fleischfarbenen Vorhänge, auf den harten, körnigen Balkon, der wie eine kahle Steinkiste aus dem zweiten Stock des Mietshauses ragte. Er war so schwer und trübe mit seinen über handbreiten undurchbrochenen Seitenwänden, daß man ihn nur auf den Zehenspitzen betreten mochte, und stets noch das schnell zweifelnde Herz bekämpfen mußte, das zagend den freiwilligen Sprung in die felsige Tiefe vorschlug, um nicht zwischen den rauhen klobigen Lasten hinabzupoltern.
(»Der Rebell« (1941); BA I, 4, S. 361)

Des über die Grenzen gehenden Künstlers Leben heißt in letzter Konsequenz Selbstdestruktion. In drei Stufen führt uns Schmidts Werk diese kollektive Groß- und Grund-Metapher vom Fall ins Freie, vom Trieb ins Tödliche vor. Die erste und die mittlere Gestaltung sehen wir hier, die letzte am Ende des Buches.

Zu den Außenrändern der Stadt

Auch ein Gang in die Schmidtsche Familiengeschichte

Nach Westen wird es gehen, ins martialische ›Vaterreich‹, hoch gesprochen. Anschließend nach Osten ein Gang ›zu den Müttern‹, in die Wasserwelt gewissermaßen.

Am Westrand Laubans die Courbière-Kaserne:

›Kreisstadt‹ mit all'n Konsequenzn – (?): nu zum Beispiel 'ner Kaserne & Garnison; wo mein Vater einst ›gedient‹, (und bei dieser Gelegnheit meine Mutter (er)kennen gelernt hatte; eine Laune des Schicksals wollt' es, daß 40 Jahre später auch ich mal 3 Monde lang dort einexerziert ward).
(»Abend mit Goldrand«, S. 105)

57 Die Kaserne um 1910. (Links vorn die Von-Courbière-Straße; direkt hinter der Kaserne nach rechts verlaufend die Kapellenbergstraße.)

Das Zusammenspiel der Lebensläufe verschiedener Figuren in der Fiktion bedingt eine Datenveränderung gegenüber den tatsächlichen Abläufen. Da mußte Arno Schmidt ziemlich genau 31 Jahre nach seinem Vater in der Courbière-Kaserne antreten; dieser am 13. 8. 1909 in der 6. Kompanie des Infanterie-Regiments 19 (nach Arno Schmidts Notiz im »Porträt einer Klasse«, S. 209; »Abend mit Goldrand«, S. 160, nennt die 4. Kompanie), der Sohn am 4. 10. 1941 zur Feldtruppe (nach seiner »Chronik« in »›Wu Hi?‹«, S. 203).

58 Wie der Vater, so der Sohn: Otto Schmidt 1910 Lauban, Arno Otto Schmidt 1941 Hagenau.

Mein Vater, als ›Sergeant‹ (mit einem wunderschönen Knebelbarte) im IR 19 (›Von COURBIERE‹), zu Lauban […].
(»Zettels Traum«, S. 694)

»Ich=also – frühzeitich an Fremd-Worte wie […] ›Courbière=Kaserne zu Lauban‹ gewöhnt – …?«
(»Die Schule der Atheisten«, S. 231)

59 Rekruten-Vereidigung im Hof der Courbière-Kaserne.

Kurz zur Geschichte der Garnison, in drei Etappen:

1898–1919 II. Bataillon des 1813 neugegründeten Infanterie-Regiments Nr. 19, 2. Posensches, von Courbière, hierher verlegt nach der Erstellung der notwendigen Kasernenbauten. Aufgelöst am 5. 7. 1919. (Benannt nach Baron Guillaume René de l'Homme de Courbière (1733–1811), preußischer Feldmarschall und Gouverneur von Westpreußen.)

1919–1935 Die Kasernenbauten dienen als Familienwohnungen.

1935–1939 III. Bataillon des Infanterie-Regiments Nr. 30 aus Görlitz hierher verlegt (Oktober 1935). Im August 1939 Auflösung als selbständiger Truppenteil.

Danach Bildung eines neuen Regiments (Nr. 190; 62. Infanterie-Division) aus Reservisten.

[(]Ruft aber, zwischndurch, auch dem gelbm Koch, der vorbeihastit, himmels(ver)söhnlich zu): »Na Seng=Wu? Gipz'nn heute?: ›Leis mit LindFleisch‹?«

(»Die Schule der Atheisten«, S. 151; Arno Schmidts Vater befand sich unmittelbar vor seinem Aufenthalt in Lauban zwei Jahre lang als Freiwilliger beim Ostasiatischen Detachement in China.)

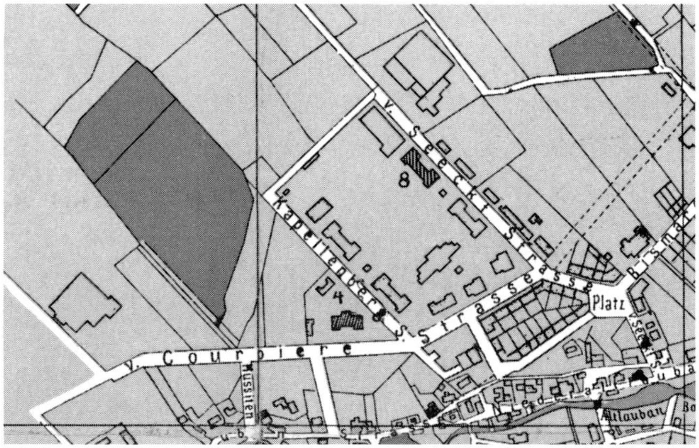

Und kein Wort weiter zum klassischen Auswuchs des ›Vaterprinzips‹.

Als Otto Schmidt mit 27 die nicht ganz sechzehnjährige Clara Ehrentraut »(er)kennen lernte«, wohnte sie auf der anderen, der Ostseite der Stadt, auf der Nicolaipromenade beziehungsweise am Nicolaiplatz.

60 Bahnübergang an der Nicolaistraße (Vordergrund), die sich als Äußere Nicolaistraße fortsetzt. Zugleich Übergang von der Innenstadt (Standort; Ecke Wallstraße [links] und Nicolaistraße) in die Nicolai-Vorstadt. Zentraler Verbindungsweg. Hinter den Geleisen nach links und rechts die Nicolaipromenade.

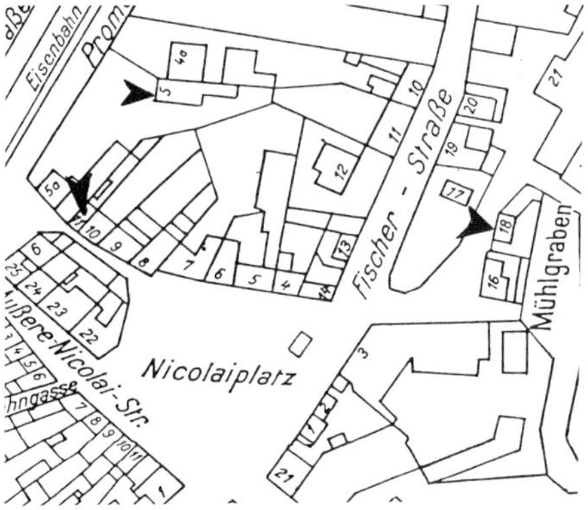

61 Vor ihrer Hochzeit wohnte Clara mit ihren Eltern erst Nicolaiplatz 11/I, am schmalen Verbindungsweg zwischen Nicolaiplatz und -promenade, dann, vermutlich nach dem Tod ihres Vaters am 17. 1. 1910 (fast auf den Tag genau vier Jahre vor der Geburt Arnos), Nicolaipromenade 5. Der Vater arbeitete als Altgeselle bei der Gerberei Simon, Fischerstraße 18.

[...] mein Großvater – ich könnte sagen: ›Der unbegreiflicherweise immer mit einem Gerberschlägel id Händen abgebildet wird‹ – er war aber wirklich lange Jahre Alt-Geselle bei der Firma Simon in Lauban, auf der Fischerstraße. (Ich wollte nur sagen, daß alle meine Vorfahren einander völlig ebenbürtich waren, an Unberühmtheit und Vermögenslosigkeit.)
[...]

Ansonsten scheint er das, für jene HandwerkerSäcula auch irgendwie ›charakteristische‹ Leben des alten Gesellen geführt zu habm, bei dem das Geld zum ›Meister‹ nich reicht: kam Freitagabends blau nach Hause gestolpert, noch sein ›Schtábortl‹ (= kleines Fläschchen mit Schnaps; ob auch ein Maß? (wohl aus dem Slawischn)) in der Tasche; ›Zentschabissl‹ trällernd [...].« (Immerhin scheint er von der Löhnung grundsätzlich so

viel übrig gelassn zu habm, daß es für die kommende Woche, notdürftich, reichte – vorausgesetzt, daß die Frau mit Taschentücher nähte.)
(»Abend mit Goldrand«, S. 162)

Bei der Geburt von Arno Schmidts Mutter wohnte die Familie Ehrentraut im Haus Weidenstraße 11.

Die Bedeutung, die Erzählungen der Mutter aus ihrer Laubaner Kindheit, spürbar von Sehnsucht getragen, für die übergroße, quicklebendig ausmalende frühkindliche Phantasie ihres fast vollkommen innenweltlerischen Jungen hatten, kann man kaum hoch genug ansetzen. – Wieder eine ›Balkonszene‹:

[...] in Hamburg war doch eben unsere Heimat; und wenn die Sehnsucht nach der alten Kinderheimat mir mal wieder zu schaffen machte, dann brauchte ich Dir nur von zuhause erzählen. Wir setzten uns gewöhnlich auf die Stufe, die zum Balkon führte, und an Dir hatte ich einen aufmerksamen Zuhörer, so klein Du warst, Du hast auch das meiste behalten; denn als Wir das erstemal nach Lauban kamen, hab ich mit Dir alle die Stellen aufgesucht, von denen ich Dir erzählt hatte.
(Clara Schmidts Erinnerungen; »Porträt einer Klasse«, S. 178)

62 Weidenstraße, um die Jahrhundertwende.

Links das Haus Nr. 7 (dahinter die niedrigeren Nummern; Zählweise: Erst auf der einen Straßenseite bis zum Ende, dann auf der anderen weiterzählend wieder ›zurück‹). Rechts der Queis; im Hintergrund die Bleiche. Ganz rechts hinten Häuser der Äußeren Nicolaistraße.

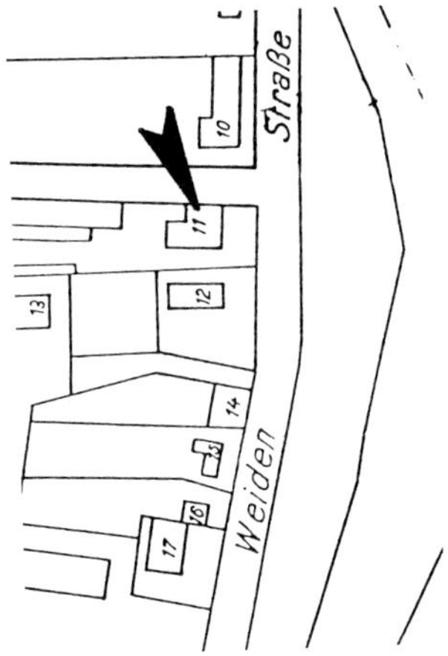

63 Nicolaiplatz mit Kindern, um die Jahrhundertwende. In der Mitte hinten die Einmündung der Fischerstraße.

Wovon ich Dir auch oft erzählt habe, das war die ›Rauschebrücke‹. Jeden Tag, wenn ich aus der Schule kam, mußte ich nach Milch gehen, zum Bauern Lachmann, nach Bertelsdorf [Benno Lachmann, Hauptstraße 79–80, Löwenberger Straße 11]. **Es war ein ziemlich weiter Weg über den NikolaiPlatz, der meine schönsten Kinderspiele gesehen hat;**

64 Nicolaiplatz; Bildmitte hinten der Verbindungsweg zur Nicolaipromenade – hinter den Bäumen Nr. 11. (Links die Äußere Nicolaistraße.)

dann die äußere Nikolaistraße,

65 Äußere Nicolaistraße mit der Lutherschule, die Schmidts Mutter aller Wahrscheinlichkeit nach besucht hat. (Foto um die Jahrhundertwende.)

bis zur Queisbrücke; da mußte ich rechts um die Ecke; links teilte sich der Queis in zwei Arme, und bildete eine Insel; auf dieser lag ein Gasthaus ›Insel Alsen‹, da mußte ich immer erst stehen bleiben, und die großen alten Bäume anstaunen.

(Clara Schmidts Erinnerungen; »Porträt einer Klasse«, S. 180)

66 Die Queisbrücke Richtung Bertelsdorf; links die großen Bäume der Insel Alsen, rechts unmittelbar hinter der Brücke die Abzweigung zur Rauschebrücke. (Um die Jahrhundertwende.)

67 Blick von der Queisbrücke nach links: Mühlgraben der Mittel- und Niedermühle; im Hintergrund zuerst Häuser der Fischerstraße (Gerberei Simon?); Turm der katholischen Kirche.

So genannt vermutlich in gebührend volkstümlich heroisch-nationaler Erinnerung an die Überquerung des Alsensunds nach der Erstürmung der Düppeler Schanzen im preußisch-dänischen Krieg von 1864, auch unter Beteiligung schlesischer Soldaten. Claras Vater war dabei:

Er war, nach der Lehrzeit, noch auf gut altdeutsch ›gewandert‹. Hatte sämtliche Kriege seiner Zeit wakker mitgefochten; nischt wie ›Düppeler Schanzn‹, und ›Königgrätz‹, und ›Mars la Tour‹. Als KulturKuriosum möchte ich noch festhalten : daß, als meine Mutter mir seine Papiere, Medaillen (denn er hatte deren, aus GeschützBronze, etc.), Fotos usw schickte, hat die Post der DDR das Päcklein doch tatsächlich beschlagnahmt, zerstört; und meiner Mutter noch zusätzlich eine scharfe Verwarnung zukommen lassen, weg'n ›militaristischer, imperialistischer, undwasweißichwelcher‹ Gesinnung.
(»Abend mit Goldrand«, S. 162)

68 Gasthaus »Insel Alsen«.

Um Lauban herum

Mit fünf Stippvisiten

In Bertelsdorf

Über die Queisbrücke nach Bertelsdorf ging die kleine Clara nicht nur zum Milchholen, sondern später auch zum Tanzen, wo sie ihren Otti traf, den kerzengeraden ›feinen Schmidt‹, ›Graf Otto von und zu Schmidtburg‹, wie er von seinen Soldatenkameraden genannt wurde (vgl. »Abend mit Goldrand«, S. 161).

Als mein Großvater nun, 1910, am MagnKrebs, starb, waren von den 4 Kindern bereits 3 verheiratet [die aus erster Ehe]; **lediglich meine Mutter, das Nesthäkchen, war noch bei der Witwe. Die aber, mit der bekanntn realistisch'n Härte der Armen, besah sich die stramme 15Jöhrije [...] und hat sie, (ja, ich weiß keinen andern Ausdruck dafür), systematisch verkupp'lt. Meine Mutter hatte, beim Tanzn, (und immerhin mit 14=15 Jahr'n!), in Bertelsdorf den ›feinen Gläser‹ kennen gelernt;**

69 Gasthaus »Drei Rosen«.

„Drei Rosen" Bertelsdorf

20 Minuten v. Lauban, im unteren Queistale gelegen

Großer staubfreier, schattiger Garten

Vornehm eingerichtete Gesellschaftsräume

Großer Gesellschaftssaal — Kahnstation

70 Das andere beliebte Gasthaus mit Tanzgelegenheit waren die »Drei Lilien«, hier der Gesellschaftsgarten.

sich von ihm, im Sehr=Dunkeln, nach Hause bringen lass'n; (:›Tu Dich doch nich so; Du kennst den Rummel doch.‹, hatte er zu ihr gesagt; und sie hatte wohl nicht unerfahren scheinen wollen).
(»Abend mit Goldrand«, S. 162)

Beim Nonnenbusch

Wenn ich ebm ›Natur‹ sagte; dann mein' ich ganz einfache simple Kombinationen von (Nadel)Wald; Wässerchen; sanfte Hänge, (wie's in mei'm LieblingsWäldchen, dem ›NonnenBusch‹, nördlich des Städtchens, war – (natürlich ooch wieder S=unterfüttert: das Büschchen der Nonne + Rinnsälichkeiten + sanft Hängendem!)).
(»Abend mit Goldrand«, S. 105; »S=« meint ›sexuell‹.)

Sie erinnerte mich diskret an 1 ›längeres Gedankenspiel‹, das ich, als sehr junger Mensch, damals, hier im Nonnenbusch lokalisiert hatte:? – Ich runzelte die [...] Stirn [...]. Wir einigten uns kurz; durch Wimpernbedenken, Wortstücke, Lippenperispomenen, Handgaukeleien. Und bogen ergo links ab [von Schreibersdorf auf der Görlitzer Chaussee kommend zu denken]**; (sie ließ mich raffinierterweise ›führen‹ – also ›Erinnerungen wecken‹; die sind ja *zu* abgefeimt.); den Hang=Lehmweg, meingottdasgeglitsche, hinunter: kann man das BrettübereinenBach ›Steg‹ nennen?...**

71 Blick in den Nonnenbusch, vermutlich Südostrand. Das »Bischofswäldchen« der »Fremden« (BA I, 4, S. 516)?

[Im Nonnenbusch findet man Schutz vor einem Hagelunwetter, und während der Rast erzählt man sich eine Geschichte.]
(»Nebenmond und rosa Augen«; BA I, 4, S. 136)

Jenes Gedankenspiel, ist es in Schmidts Werk zu finden? Vermutlich ja; in einem Opus der Jugend, in den »Fremden« gegen Schluß. Es setzt ein, als der blinde ›Held‹, sehend geworden (soll heißen initiiert), mit seiner ersehnten Partnerin zum neuen, erotisch prickelnd aufgeladenen Ort der Zweiergeborgenheit heimlich huscht:

»Du –« flüsterte sie verlegen und unschuldig – »Du – wollen wir in den Mondscheinwald laufen – gar nicht hinein –«, und sah ihn mit herben, hingegebenen Augen an. Er hob erstrahlend den Kopf und wisperte eifrig, schon im Laufen, »– Du – ja! – Ich weiß Etwas – nein, ich sage es noch nicht – Komm!«

›Sie‹, das ist Eva Wolf – wir dürfen zuspitzend übersetzen: Johanna Wolff –, und mit ihr, nur mit ihr, geht's keusch in den Nonnenbusch:

Als sie ihre Schritte auf dem weichen unsichtbaren Boden nicht mehr hörten, blieben sie aufatmend stehen, und tasteten schüchtern nach ihren Schultern. »Wo bist Du –!« fragte er; und fühlte wieder die zausenden unermüdlichen Finger in seinem Haar, die ihn liebkosten und sich endlich fest um seinen Nacken schlossen.
[...]
Er zog das Mädchen ganz dicht an sich und schlug seinen Mantel um sie beide [...].
(»Die Fremden«; BA I, 4, S. 568f.)

Er führt sie zur vorbereiteten gemeinsamen »Wohnung«, einer Baumhöhle, und bringt sich ihr dann restlos dar, in erster Linie alle bisher in ihm allein verschlossenen er-lesenen Geisteskostbarkeiten, konkretisiert im Buchgeschenk der Fremden – »›Unser Buch – aja!‹ nickte sie glücklich« (S. 571) –, den »Ansichten vom Eilysion«. Es folgt gemeinsamer Schlaf, und nach dem Aufwachen der »schöne himmlische Wassersturz« (S. 575). Finis.

Und diese Liebes-Urszene kehrt in Schmidts Werk auffällig häufig, schier zwanghaft wieder, mit unterschiedlicher Akzentuierung, aber gleichbleibenden (wenn auch nicht immer geschlossen auftretenden) Aufbauelementen wie (ver)bergender Waldwohnung (Rastplatz, Hütte, Baumhöhle), Lesen oder Erzählen (von Büchern), Wettererscheinungen (Gewitter, Niederschläge), gemeinsames Schlafen, Unsichtbarwerden für die Welt.

In »Brand's Haide«: »*Grünes Glimmen* überm Nadelboden; die Goldhitze umfing uns wie im Traum; es war ja eigentlich meine erste Liebe!« Seine glücklichste Stunde hat der Ich-Erzähler beim Lesen der Dichter, bei Erkenntnissen und »jetzt«. »*Da!: Cumuli!:* Ich blickte hinauf: hohe gerunzelte Wolkenstirnen ringsum: ernsthaft, mißbiligend, bejahrt, der gerenische reisige Nestor; alles Synonyma (also wahrscheinlich Regen & Hagel gemixt!)« (BA I, 1, S. 157f.).

Dazu das tropische Gegenbild in »Alexander oder Was ist Wahrheit«: »im Duft leben [...; mit Monika]: im Sand liegen; braun und gelb wird die Haut wie Sand und Fels: niemand erkennt uns mehr. In ihre Augen sehen; Fische darbringen; nachts um winzige Feuer sitzen, tief drinnen im Hag, oh Ewigkeit.« (BA I, 1, S. 96).

»Schwarze Spiegel«: Der Erzähler-Robinson beschließt nach genossenem Regenguß – »schön, so am Waldrand durchzuregnen bei völliger Windstille [...], und ich bewegte entzückt die feuchten Schultern und Waden« (BA I, 1, S. 214) –, im Wacholderhag hier ein Haus zu bauen. Getan; und danach die Lebensbedrohung durch einen angreifenden zweiten Menschen, eine Frau, Lisa, die kurz bei ihm in seiner Waldsaumhütte bleibt. Zu ihrem Geburtstag dann darin die Leseszene (Erinnerungen an die Hamburger Kindheit, »Der Rebell«) als Höhepunkt vor Lisas Weiterziehen.

Im »Faun«: Wieder mit der Wunschvorstellung von der verborgenen, mittlerweile desillusionierter, daher als nur kurzzeitig haltbar betrachteten, zweisamen »Wohnung« im Wald. »Buchenfähnlein, Eichathleten, Kiefernschützen: das ist unsre Leibwache, wie dereinst in Sherwood Forest: ›Such outlaws as he and his Kate‹; und damit drangen wir tiefer in den Wald hinein: ich kannte die Attitüde jedes Grashalms; lag das Rindenstück noch wie vorjesmal?« Das Paar gelangt zur Hütte; Liebeserfüllung, ambivalent empfunden: »Ich fand mich überall im Gitter ihrer großen Finger, im Joch ihrer langen Arme, der breiten Schärpe ihrer Beine. Schwer.« Am Tag darauf die Zerstörung des Refugiums durch selbstgelegten Brand. (BA I, 1, S. 385f.)

Ernüchterter noch die Gestaltung der

Motivkonstante vom Liebespaar, das im Wald verschmilzt, innerhalb von »Zettels Traum« (im Zweiten Buch »In Gesellschaft von Bäumen«), auf analytischer Stufe, wo es um die bis aufs Innerste sezierende Untersuchung von Leben und Werk des von Schmidt früher rasend vergötterten Edgar Allan Poe geht – nur zu leicht zu deuten als Zerstörung alter eigener Ideale, wie überhaupt Schmidts zu Lebzeiten veröffentlichtes Werk in seinen Hauptstücken, ob Erzählung oder ob Essay, verstanden werden kann als analytische Abrechnung mit den Idealen seiner Jugend: Fast alles erscheint nunmehr ›gebrochen‹ und im Kern gegen sich selbst (in früherer Identität) gewendet (die Fouqué-Biographie einmal ausgenommen). – In einem Jeglichen wird durch Andersschreibung seiner Bezeichnung nun untergründig Sexuelles sichtbar gemacht als eigentliches Movens unseres Redens und Handelns; kein Wort soll ›unschuldig‹ bleiben, erst recht nicht diesmal bei der erneuten Variation des Nonnenbusch-Gedankenspiels aus voyeuristischer Perspektive (»Zettels Traum«, S. 176f.): Ein Landmesser und seine Helferin – Wunschbild Schmidts aus seinen Geometer-Phantasien (siehe auch die Erzählung »Seelandschaft mit Pocahontas« [1955]) –, ein (auch werkironisch) ›altes‹ Paar, Philemon und Baucis, »Fühlemann und Bauc(h)is«, werden beim Kopulieren beobachtet und wie sie sich danach zur Ruhe (auf ›Bücherkissen‹ aus Logarithmentafel und Notizkladde) betten. ›Wölfisch‹ Sexuelles-Aggressives raunt ein: »›Who's afraid of the big bed vulv ?‹« Dann ein Wissensfragment mit Wolff-Echo: »S gibt 1 Sprache, die WOLOFFISCHE, wo 10 ›fuck‹ heißt!« (Woloffer: westafrikanischer Stamm; zehn heißt fouk laut »Pierer's Universal-Lexikon«, das Arno Schmidt zur Wissensansammlung für »Zettels Traum« benutzt hat.) Auf Poes »Rodman« und »Pym« anspielend wird das Paar zu »Erodmann« und »Ihre Annie=Moosität« (sprachliche Verdichtung von Animosität, (H)Anni, Moos und dem rätselhaften Ausruf der südpolaren Bewohner aus Poes Geschichte, mit dem – Darbringung des Großbuchs an Johanna Wolff, nicht Alice! – das riesige Werk beginnt: »:›Anna Muh=Muh !‹«) – Selbst die Zahl der 1334 DIN A-3-Seiten von »Zettels Traum« scheint nicht zufällig, sondern berechnet, und so auch der Umfang der acht Teile (»Bücher«), aus denen das Werk zusammengesetzt ist. Ermittelt man die Mitte, die Achse des Zweiten Buchs, dreht es sich dort um – die Bedeutungsvielfalt von ›Wolf‹ und alles, was damit in sexualsemantischem Zusammenhang steht: Wolf (auch Krankheitsbezeichnung) – wolves – vulva; Wolf – lupus – lupa (ausschweifende Frau, Hure); vulva – velvet (Flor, Schambehaarung) – moss – Moos (siehe oben) – moth – Motte (+ Fouqué) – Pelz (für Hure, wird aus Sanders' »Wörterbuch der deutschen Sprache« zitiert), und schließlich deutet sich analytische Einsicht an: »(:›Há, ne Wulff!‹: Mondieu war das möglich, daß Ich damals=déswegn ...?!)« (»Zettels Traum«, S. 228–231; auch Poes Brief an »›ANNIE‹« wird unmittelbar darauf (S. 232) erwähnt; »(Ha! : nne Wulv ! [)]« (S. 64)). Hanne Wulff tritt in »Leviathan« als »kühnes Pelzmädchen« (BA I, 1, S. 49) auf...

Man ahnt, was für Schmidt hinter solcher bewußtmachenden Bedeutungsaufzählung steckt: hilflose Aggression als Abwehr und Bannungsversuch der tiefsten Verletzung durch das geliebte Objekt: daß sie ihn ›damals‹ überhaupt nicht beachtet hat. Und man versteht noch tiefer, warum Schmidt so nimmermüd um dieses Zentrum kreisen mußte.

Hat man erst eine derartige radikale Desillusionierung hinter sich, kann man mit den Täuschungen spielen; »Die Schule der Atheisten«: Charmant baut Schmidt hier Schein an Schein. Das Motiv der Liebenden im Wald wird parodistisch glanzvoll erhöht zum Angelpunkt der ganzen Handlung, die sich aus der Rahmenhandlung (2014 spielend, der erdballumfassende Atomkrieg hat schon stattgefunden; die Außenministerin der frauenregierten USA trifft im übriggebliebenen westlichen Reservat an der Eider den chinesischen Kollegen – andere gibt es nicht mehr) und dem »DazwischenSpiel« zusammensetzt, das auf 1969 datiert ist und von der entscheidenden Figur, dem Senator des Reservats, Kolderup, erzählt wird. Es geht letztlich um die Bezauberung der Außenministerin zur Festigung der gefährdeten Reservatsexistenz: Die Erzählung dreht sich mehr oder weniger um die Zeugung der hohen Frau auf einer ›Insel der Bewährung‹. Wo genau? Am oder im hohlen, vor gräßlichem Unwetter Unterschlupf gewährenden Baum, der auch aus Pappmaché sein kann, denn alles auf jener Insel, auf der sich der Wohnbaum befindet, riecht nach Theaterkulisse, Inszenierung, Hokus und Pokus. Zwei Atheisten, einer davon der spätere Senator, sollen dort auf ihre Standfestigkeit von einer Missionarin, der Mutter der Ministerin, und ihrem Partner geprüft werden. Die wie auch immer traute Zweierkonstellation an diesem Baum der Erkenntnis ist perdü; es scharen sich vielmehr drei Männer um die eine Dame. Wer's von ihnen gewesen ist? Das ist der Clou: Eine eindeutige Antwort gibt es nicht – das Motiv, das seinen Ausgang im Nonnenbusch nahm, weist, garniert mit so vielen bitteren, verkappt autobiographischen Erinnerungen wie nie zuvor, am Ende ins Leere.

72 Bürgerschützenhaus, Garten und Kolonnade um die Jahrhundertwende.

Am ›Schützenhaus‹ vorbei: ob die Polen **jetzt=hier=noch üben? – Als ganzjunger Kerl war ich oft, den Gepäckträger voller Träume, da vorüber geschusselt. –**
(»Nebenmond und rosa Augen«; BA I, 4, S. 140)

73 Blick auf Lauban vom Schützenhaus aus; im Vordergrund eine Textilfabrik der Winkler-Gruppe.

74 Nähsaal in einem Winkler-Werk.

***Eine Fabrik?: »Da drin* liegen die Uniform'm, in denen Wir=dann, nächste Woche, ›polnische Attachés‹, als ›Beobachter‹ an den Manövern teilnehmen.«**
(»Nebenmond und rosa Augen«; BA I, 4, S. 140)

Historisch kostümiert: Kauff betrat »seine große Handlung in der Winklerstraße, und war bald in Zahlen und Geschäfte vertieft, und hieß Stoffproben bringen, und sah den Gehilfen scharf auf die Finger, stundenlang.«
(»Die Fremden«; BA I, 4, S. 532)

Mir gegenüber liegen die beiden anderen Soldaten, das Mädchen dazwischen (so übelster Näherinnen-Typ) [...].
(»Leviathan oder Die beste der Welten«; BA I, 1, S. 37)

Bei der Queisbadeanstalt

[<u>OLMERS:</u> »...] am meistn noch fuhr ich Schwimm'm, in die ›QueisbadeAnstalt‹ ...«; (er preßt den grauen Mund, bedeutsam starrend: ... –).
<u>A&O</u> (einmal nickend): »Ja; das wär' auch so ein Kapitel, jeglicher (Selbst)Biographie: ›Unsere BadeAnstalten‹; (enorm wichtich für Männer)« (zu Grete, fragend): »für Frau'n wohl auch? –«
<u>GRETE</u> (hochmütje Augn machend): »Nich im Gerinxdn.«
[...]

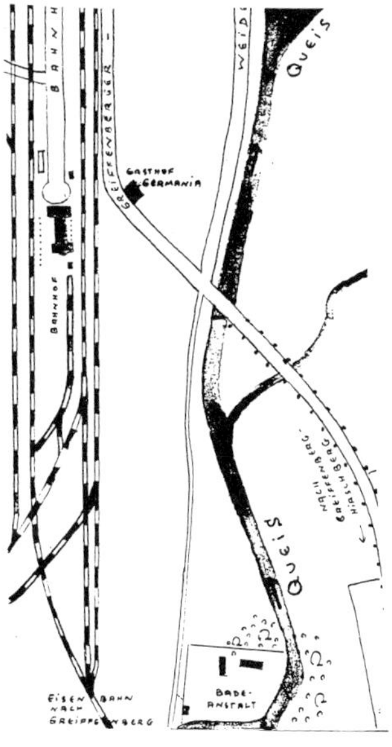

75 Auf dem Weg zur Queisbadeanstalt: durch die Greiffenberger Straße; links die Gaststätte »Germania« (Nr. 15).

[<u>OLMERS:</u> »...] Tcha; bei Mir lag also besagte BadeAnstalt in einer QueisSchlinge, südöstlich der Stadt: 1 (pfahlbauhafte) Baracke für Herren; 1 für Damen; rechts nebm dem Eingang die Bude mit Getränkn, (wo der BadeMeister und seine dicktittije Alte die EintrittsKartn verkauftn. Vom Bahnhof kam das Geräusch rangierender Güterzüge; vom Steinberg= fern manchmal Konzerte.

76 Queisbadeanstalt: links die Getränkebude (dahinter ansatzweise der Bretterzaun erkennbar), im Hintergrund rechts die ›Damenbarakke‹ (Aufnahme von einem sogenannten humoristischen Schwimmfest des Schwimm-Sport-Clubs »Hellas« Lauban, 20. 8. 1933).

77 Der Queis in seiner Breite (Aufnahme bei gleicher Gelegenheit wie Abb. 76).

Städt. Queisbadeanstalt. Weidenstraße, geöffnet vom Monat Mai bis September

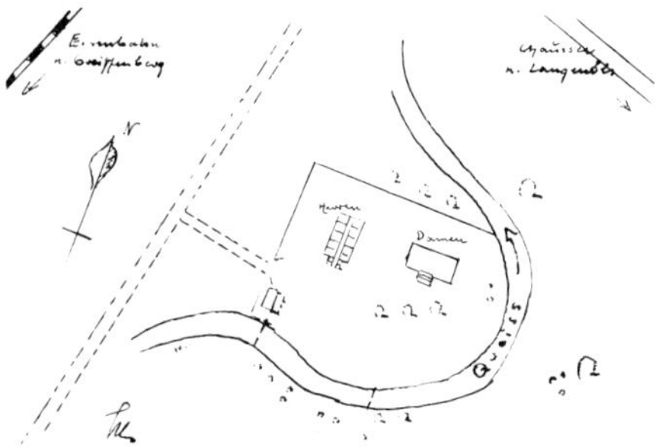

Am andern Ufer Weiden und Erlen; (dahinter Wiesen für's Vieh) – (?) ›wie breit der Queis‹ ? – bloß 'n Flüßchen; möcht mein'n – na – : 15 Meter. Ich bin manchmal abends, bei Mondschein, über den hohen BretterZaun geklettert; und hab da unter den hohen rauschndn Bäum'm gesessn: Wasser glänzte; die Weid'n verdrehtn schwärmerisch de Blätter im Wind; die leichtn langsamen Wolk'n – ich hab 1 LG und viele Träume dahin verlegt.[«]
(»Abend mit Goldrand«, S. 106)

[. . .] ich drehte mich auf die rechte Seite, ich sagte nachtwindleise in ein Ohr : viele Erinnerungen. Sonne, Wind. Die gelben Abende, auf der Flußscheibe entstand Schwatzen und Gelächter. [. . .] Die Nacht begann im Weidengewölb hinter den Zweigen.
(»Leviathan oder Die beste der Welten«; BA I, 1, S. 41; Formulierungsparallele im Widmungsgedicht zu »Schwarze Spiegel«, dort auf ein Flußbad bei Greiffenberg hindeutend, Neu-Warnsdorf.)

Am Steinberg

So war ich [als Kind] **umstellt mit geradezu alpinen Bildern: ›Riesengebirge‹ hieß es da! Bei Lauban, dem Geburtsort meiner Mutter, sollte es einen ›Steinberg‹ geben; und oft bin ich [in] Kinderträumen an einem schwärzlichen himmelhohen Felswürfel, um den außen herum dünnste, leicht=geländerte Blechtreppen hochführten, ächzend emporgeklettert! [...]
Bis ich dann persönlich nach Schlesien kam [...] und jenes ›Riesengebirge‹ sah: es handelte sich um eine völlig unimpressiv=liebliche Mittelgebirgslandschaft [...]. Der ›Steinberg‹?: ein nichtswürdiger klein=beleibter Hügel; Lieblingstreffpunkt von ›Pärchen‹ und von jedem Alten am Stock mühelos innerhalb von 10 Minuten zu erreichen! – Erleichterung überkam mich.**
(»Materialien für eine Biografie«; »›Wu Hi?‹«, S. 18f.)

78 Der Steinberg von Nordwesten aus; hinter den Häusern der Pulverbusch (siehe Abb. 83). Ortshöhe Laubans 215 m, Steinberg 275 m.

Die frühe Phantasie, die an die Vorstellung vom Laubaner Steinberg gekoppelt ist, gehört zum Kernbestand der angstlustbesetzten Region von Schmidts innerer Welt. Himmelhoch hetzen müssen, Treppengewinde hinauf, bis zur stumpfen Erschöpfung (»ächzend« wird zum Kennwort, zum Leit- und Leidwort), grenzenlos streben und dennoch gefangen sein: Diese existentielle Ur-Spannung muß Schmidt so ›an die Nieren‹ gegangen sein, daß er sie, wenn's über einen Satz hinausging, nur angelehnt an Vorbilder, die sie bereits, ihm zur Sicherheit, in sprachliche oder bildliche Form gebannt hatten, umschreiben konnte:

»Dann wurde es allmählich klarer, und Friedrich fand sich in einer

unendlichen Halle, deren strenges Gewölbe sich in dämmriger Höhe verlor; auf dem steinernen Boden standen ihm unbekannte Maschinen von unerhörten Ausmaßen, die alle Kraft der Welt in sich aufgespeichert zu tragen schienen, ungeheure Hebel reckten sich, schwere Schwungräder starrten, armdicke Seile wanden sich um fremdartige Walzen. Er stand regungslos in dem rätselhaften Schimmer und sah, erst durch ein leises Geräusch zu seiner Rechten aufmerksam gemacht, einen riesigen Strebepfeiler, um den sich ein Stück Treppe wand, die seltsamerweise unvermittelt abbrach, und einen Mann, der mit leisem Keuchen emporstieg. Plötzlich erkannte er seinen Freund Leubelfing in ihm, und wollte ihm eben freudig zurufen, als er den Ausdruck unsäglicher Verzweiflung in dessen Gesicht erkannte. Unwillkürlich richtete er den Blick nach oben, und sah das neue, gleich kurze Stück einer Treppe, auf dem er wiederum eine Gestalt entdeckte, die sich mit verängsteten Augen nach ihm umsah, und wieder war es sein Freund. Er blickte noch höher, und sah eine dritte Reihe von Stufen, auf welcher der Unselige noch weiter emporklomm und jetzt schon am Rande des Abgrundes stand. Wieder höher und wieder höher, bis sich die höhnischen Stiegen und der ächzende [Hervorhebung vom Verf.] Leubelfing im strengen Dämmer der unermeßlichen Wölbungen verloren. Friedrich fuhr empor [aus seinem Traum] und schlug in die Luft, aber wieder überwältigte ihn ein dumpfes Gefühl der Betäubung, wieder sank er zurück.«
(»Der junge Herr Siebold«; BA I, 1, S. 319)

Der junge Herr Schmidt fand diesen Prototyp des beklemmenden Steig-Traums mehrfach künstlerisch vermittelt vor, einmal zeichnerisch formuliert von Giovanni Battista Piranesi in dessen Radierungsfolge »Invenzioni capric... di carceri« (1. Fassung um 1745 / 2. Fassung nach 1760), gemeint ist das siebte Blatt,

78a Giovanni Battista Piranesi, »Carceri«, Tafel VII, 2. Zustand.

und dann gewissermaßen gleich doppelt literarisch gesichert als Reflexion auf Piranesi bei De Quincey, der in seinen »Confessions of an English Opium-Eater« (1821/22) – ein Exemplar einer englischsprachigen Ausgabe von 1922 mit der Notiz »wundersam erhalten aus meiner Laubaner Zeit« in der Nachlaßbibliothek Arno Schmidts – von einem Treffen mit Coleridge berichtet, bei dem dieser Blätter Piranesis beschrieb,

»die er seine ›Träume‹ genannt und die seine eigenen Visionen während eines Fieberdeliriums erzählen. Einige von ihnen, ich erzähle nach Coleridges Worten aus dem Gedächtnis, stellen weite gotische Hallen dar, auf deren Boden alle Arten von Maschinen, Rädern, Kabeln, Rollen, Hebeln, Geschossen usw. usw. aufgestellt waren, alles mögliche, was vorwärtstreibende Kraft, besiegten Widerstand ausdrückt. An den Seiten der Wand kroch eine Treppe empor. Und auf ihr sich hinaufschleppend, sah man Piranesi selbst. Folgte man der Treppe ein wenig weiter, so nahm sie plötzlich ein Ende. Kein Geländer war da, und der Mensch, der diese Stelle erreicht hatte, konnte keinen Schritt mehr vorwärtsmachen. Nur der Sprung in die Tiefe da unten stand ihm offen. Wie es nun auch dem armen Piranesi ergangen sein mag, man vermutet jedenfalls, daß hier seine Anstrengungen ein Ende gefunden haben. Doch erhebe deine Augen und du siehst eine zweite, noch höhere Treppenflucht, und wieder erblickst du Piranesi, der diesmal jedoch ganz nahe am Abgrunde steht; und wieder hebe deine Augen, und eine noch luftigere Treppenflucht tut sich auf, und

wieder quält sich Piranesi hinauf, und so geht es weiter, bis die unvollendete Treppe und Piranesi sich in der Finsternis verlieren, die von oben auf die Halle drückt.«
(Übersetzung von A. und H. Möller-Bruck)

Daß Piranesi der Emporhastende sei und der Eindruck entstehen mag, es handle sich um eine einzige, aber identifizierbare Gestalt, die sich in den dämmrigkühlen Gewölbeweiten verliert, wird durch die Bilder selbst nicht bestätigt. Stehend, gehend, sitzend, schauend, zeigend, in meist ruhiger Bewegung, paarweise, in kleiner Reihe an Geländern, selten ganz allein befinden sich die Menschen, winzig und typisiert, der »Carceri«. Interessanterweise übernimmt Schmidt bei späterer Gelegenheit jene den existentiellen Gehalt der Radierungen deutende Ausfabulierung De Quinceys-Coleridges sowie die Entstehungsthese:

»Aber es gibt auch eine Serie düsterer Blätter, die ›Carceri‹ (Kerker); wo sich endlose Hallen öffnen, auf dem steinernen Pflaster riesige unbekannte Maschinen, Balkengespinste, und die Fangarme mächtiger Ketten. Aus der Wand starrt ein Gigantenhaupt, im zahnlos=mächtigen Mund einen Eisenreif. Neben ihm beginnt eine Treppe, schmal an die Mauer geklebt, auf der ein menschenwinziges Geschöpf eifrig nach oben zu entkommen versucht; bald macht sie eine Wendung in die entgegengesetzte Richtung, und wieder klimmt an ihrem oberen Ende der Kleine; wendet wieder und wieder, und immer treppt der Arme hoffnungslos höher, bis sich endlich Stiege und Piranesi=Jedermann im Dämmer der auch nach oben unendlichen Halle verlieren: – Die ganze Serie gibt die Alpträume des Künstlers während einer schweren fieberischen Krankheit wieder, und wirkt zumal heute, im Zeitalter des Maschinenschreckens, unwiderstehlich faszinierend.«
(»Über Traumkunstwerke« (1956); »Fuldaer Volkszeitung« vom 26. 5.)

»Nur der Sprung in die Tiefe da unten stand ihm offen«: Diese Perspektive De Quinceys-Coleridges läßt Schmidt hier unübernommen. Sie, die das Komplement, das Gegengewicht zum Steig-Traum eröffnet, den nicht minder herzhebenden Fall-Traum, wird anderswo, im »Leviathan«, den schweren Schlußakkord bilden. Daß im Hintergrund auch dieses Traum-Motivs ein »Carceri«-Blatt Piranesis steht, legen verschiedene Momente nahe. Doch davon erst am Ende.
Weniger eindeutig als Schmidts erste Version (mit dem bestimmten Merkmal des Strebepfeilers, um den sich wie möglich auch immer die Treppen ziehen) kann man De Quinceys-Coleridges Schilderung auf ein bestimmtes Blatt beziehen. Eher ein Gesamteindruck der Bilderfolge scheint in eins geronnen. Daraus läßt sich ableiten, daß Schmidt auch direkt Piranesis »Carceri« als Vorlage genommen hat, zumindest jenes Blatt VII; bei der Wichtigkeit, die diese Architektur-Visionen für ihn besitzen mußten, dürfte er jedoch die komplette Folge gekannt haben. In ihr fand er, bildkünstlerisch gefaßt, geformt durch eine andere Individualität, mit der er sich identifizieren konnte, Wesentlichstes seiner eigenen Sache vor. Das reicht vom gemeinsamen artistischen Grundprinzip der Dialektik von Konstruktion und Destruktion (»Zerfall als Voraussetzung überlegenen Schauspiels«; Arno Schmidt, »Berechnungen II« (1956, in »Texte und Zeichen«, S. 95); Aufgabe der Zentralperspektive und Einführung mehrfacher Blickpunkte in einem Bild bei Piranesi), über die Gestaltung der Idee von der Kerker-Freiheit der menschlichen Existenz, magisches Angezogensein von geschlossenen Welten, den Gefesselten darin, die alptraumhafte Labyrinthhaftigkeit bis hin zum Verlassen des Euklidischen Raumes als Problem. Bei beiden, Schmidt und Piranesi, erscheint solches Ideen-Zusammenspiel ins Gigantische gesteigert, und das ist das Entscheidende: Manieristische Identität (im Sinn Hockes) – »ganz allgemein laß Dich berichtn: daß die Manieristn das Salz der Kunstweltn sind.« (»Zettels Traum«, S. 610)

Aber zurück zum Laubaner Steinberg.

Auch L. erfreute sich eines Lakkolithen ... (?): das ›auch‹; weil der zweite meiner Jugend= & NarrheitsOrte, Görlitz, ebenfalls eine ›LandesKrone‹ vermochte, (natürlich hatte Görlitz den größeren. – (?): Basalt; und dementsprechend die dito großen Steinbrüche; meist stillgelegt, und zu anmuthigen kleinen Parks umgeschaffen).

80 Der Kerzdorfer Basaltsteinbruch am Steinberg.

79 Die Landeskrone bei Görlitz.

In L. hieß er der ›Steinberg‹; (mit Restaurant, AussichtsTurm, und einer kleinen halben Bühne, wenn die benachbartn ProvinzTheater <u>ächzend</u> [Hervorhebung vom Verf.] **auf SommerTournee ausziehen mußtn: ›Aufführungn‹ gabs da zu seh'n!; wie in HOLTEI's Roman'n.).**
(»Abend mit Goldrand«, S. 105)

So zum Beispiel »Der Husar des großen Königs« des Laubaner Lehrers und Heimatforschers Fritz Bertram (1871–1961) gleich fünfmal anläßlich der Jahrhundertfeier der Stadt vom 17. bis 24. 6. 1934 mit Schauspielern vom Görlitzer Theater und einigen hundert Laienspielern – ein wahrhaftes Großereignis. Festivitäten, die auch im Hintergrund der »Schule der Atheisten« mit ihren ›Aufführungen‹ und dem auch schauspielschreibenden Dümpfelleu (»Dramaturg & Regisseur der LiebhaberBühne« [S. 31]) rumoren mögen.

Der mond grinste gequaelt in wolken, wind lief mit geschrei schwarz auf raeubersteigen, arno schmidt, ein fremder prinz aus dem buecherlande umging den steinberg.
[...]
Ich brach zwei lakkolithe aus der steinwand [...], diabolisch, wolffisch (!) blinkte das rosige fleisch des feldspates; ich lachte hell und voll hintergruendiger bosheit.
(Arno Schmidt an Heinz Jerofsky am 29. 8. 1933; »›Wu Hi?‹«, S. 55 – womit auch der Steinberg mit allen ›Bedeutungsanhängseln‹ an den ›Wolff-Komplex‹ angebunden wäre.)

81 Das Steinberghaus: Restaurant und Aussichtsturm.

82 Wege zum Umgehen des Steinbergs.

83 Der Weg am Pulverbusch des Steinbergs.

84 An der Hohwaldchaussee. (Chaussee im Hintergrund, an der Baumallee erkennbar.)

85 Forsthausgaststätte im Hohwald.

Nachmittags setzt' ich mich aufs Fahrrad – (sonn hellgelb=rot lakkierter ›HalbRenner‹) –: n Stück die HohwaldChaussee raus, (bis ein Forst anfing) [...].
(»Abend mit Goldrand«, S. 106)

[...] aber ich erinnerte mich doch stets wieder blitzschnell der seligen Jünglingszeit, wo man vor keinem Menschen hatte stramm stehen brauchen, es kein »Ehrenkleid« gab: hei! Wie war ich durch die Nachtfunkelei gelaufen, auf dem Fahrrad über die Hohwaldchaussee gebraust, hatte hastig vom starken dunklen Biere getrunken, augenweit und haarumwallt.
(»Brand's Haide«; BA I, 1, S. 140)

Durch den Kreis Lauban

Kreuz- und Querzüge in auf- und absteigender Linie

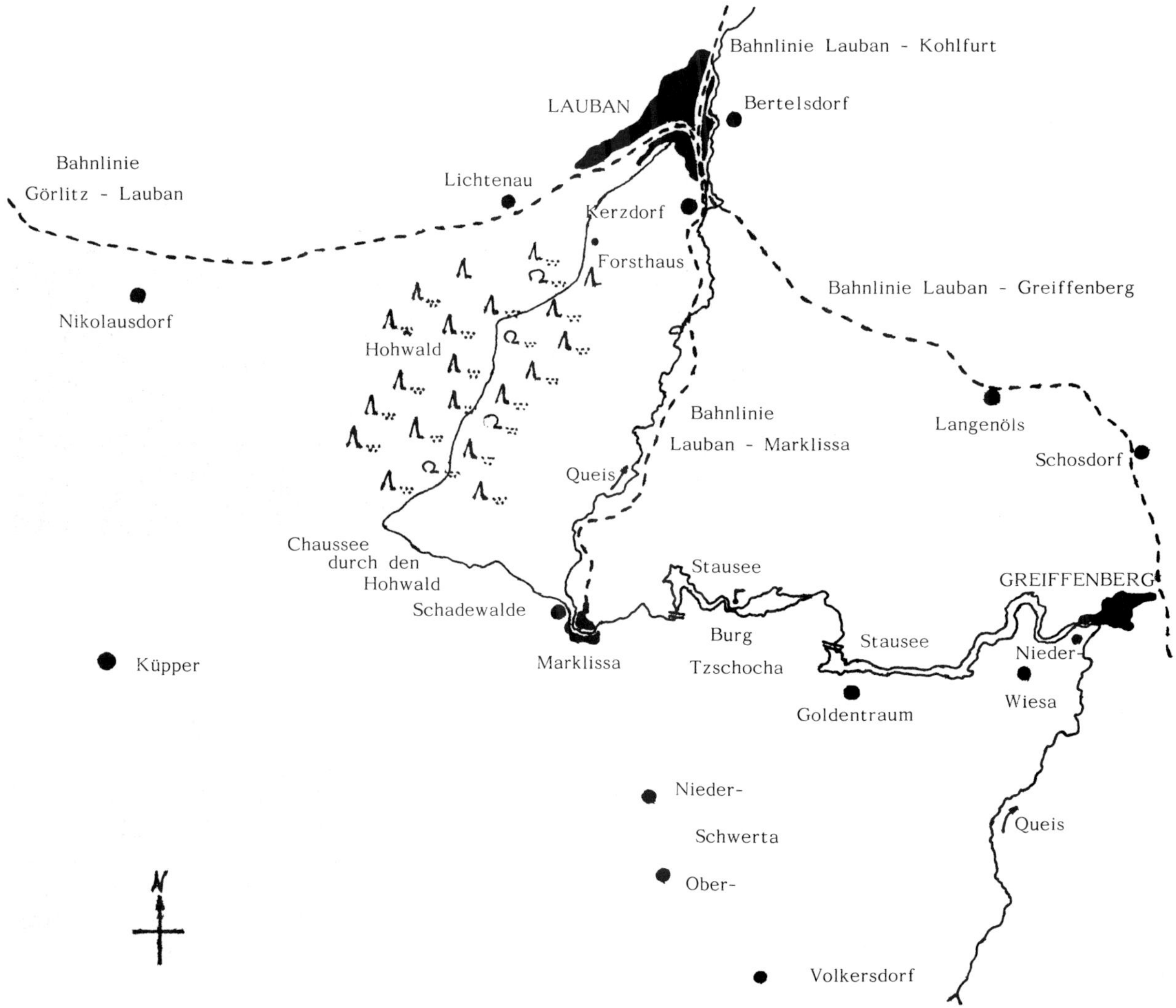

86 Marklissa am Queis; im Hintergrund links des Flusses Schadewalde, rechts Beerberg.

[...] auch wohl mal (aber seltner) nach MARKLISSA [...].
(»Abend mit Goldrand«, S. 106)

Nicht ausgeschlossen, daß zu den Rathaus-Markt-Szenerien der Jugendwerke auch der Eindruck des auf den Radtouren öfters gesehenen Mittelpunkts von Marklissa das Seine beigetragen hat:

Plötzlich fuhr er zurück und spähte scharf die Rathaustreppe hinauf, auf der sich, wie ihm deuchte, flüsternde Gestalten geregt hatten; einen Augenblick war wieder alles ruhig, dann hörte er auf's Neue ein Flüstern. Ein Mann trat an das Geländer, beugte sich herunter, und Kauff erkannte in der schwachen jagenden Grauhelle den großen Hageren der fremden Komödianten.
(»Die Fremden«; BA I, 4, S. 534)

87 Rathaus mit Ratskeller (rechts vom Treppenaufgang).

Auf der Wolkeninsel – Erinnerungen an Hirschbergs prächtige Laubenhäuser mit dabei:

Auf der anderen Seite der fast marktbreiten Straße zogen sich schöne alte Laubengänge entlang [...].
(»Der Garten des Herrn von Rosenroth«; BA I, 4, S. 477)

Nun nach Schadewalde, dem benachbarten Dorf:

: prompt stand man vorm Ortsschild SCHADEWALDE.
(»Caliban über Setebos«; BA I, 3, S. 478)

88 Laubenhäuser am Markt. Das dreigeschossige Gebäude links mit den rustizierten Ecken ist das Hotel Hirsch.

In der Erzählung »Caliban über Setebos«, Arno Schmidts schwarzhumorigem Tribut an den Orpheus-Mythos, den Mythos vom Dichter-Sänger schlechthin, sucht der Schlagertexter Georg ›Orje‹ Düsterhenn, um sich für weitere Produktionen »durch den Anblick einer Jugendliebe entscheidend & unwiderstehlich schmalzig zu stimmen« (S. 479), jenes Dorf Schadewalde auf, in dem seine Eurydike leben soll.
Durch Schmidts topographische Mischtechnik trägt der Ort ›westöstliche‹ Züge: Sein Name ruft die Vergangenheit in Schlesien, die Vorkriegs- und idealisch hochgestimmte Jugendzeit hinter den Zeilen empor; bestimmte beschriebene Einzelheiten treffen auf das Dorf Bargfeld zu, in der Lüneburger Südostheide, Kreis Celle, gelegen, Wohnort Arno Schmidts während der beiden letzten Jahrzehnte seines Lebens. Die zwei quasi übereinandergeschobenen Ortschaften liegen in einer durch diverse Assoziationen an Schlesien angereicherten niedersächsisch-hannoverschen Kulisse. – Im Gegenwärtigen Vergangenes, wieder einmal, und mythisch vertieft dazu, denn dieses Schadewalde-Bargfeld ist auch Scheol, Hades, Unterwelt, Höllenwelt. Und höllisch. ätzend wird in des Wortes weitester Bedeutung zerstörend-bewahrende Vergangenheitsbewältigung betrieben: private, politische, menschheitsgeschichtliche. Zuviel, um's hier zu umreißen.
Nur soviel am Rande: Besagte West-Östlichkeit ist typisch für Schmidts topographische Mischtechnik. In »Brand's Haide« wird das böhmisch-östliche Krumau ebenso wie des Flämings Brands Haide ›herübergezogen‹ in die Nachbarschaft von Cordingen (Lüneburger Westheide). In »Zettels Traum« ist's das Schkortleben an der Saale bei Weißenfels, das zum bargfeldisch ausgestatteten Scortleben sich verwandelt. Und in »Abend mit Goldrand« wird das (die Schmidts Gesamtwerk tausendfältig durchziehende Fouqué-Thematik be-

rührende) Klappendorf im Elbischen zwischen Oschatz und Meißen ins Bargfeldische transformiert.
Typisch ist auch die Verbindung der topographischen Mischtechnik mit dem Grundzug von Schmidts veröffentlichtem Werk, in diesem untergründig mit schönfarbigen, naiv-idealischen Vorstellungen aus seiner Gedankenwelt vor 1945 aufzuräumen, gekoppelt an den ›Wolff-Komplex‹: Das butzenscheibenliebliche Krumau des »Hauses in der Holetschkagasse« (1941) wird in »Brand's Haide« zum Industrieort, hinter dem sich Bomlitz bei Cordingen mit seiner Munitionsfabrik der Firma Wolff & Co. verbirgt. Im Kurzroman »Aus dem Leben eines Fauns« wird diese Fabrik gar zum Symbol der Destruktivität der Welt und Gegenpol zur Liebe des Erzählers und seiner »Wölfin« Käthe Evers. In gleichen Konstruktions-Bahnen läuft die Liebesgeschichte auch in »Leviathan« ab; das werden wir später sehen. Und hier, in »Caliban über Setebos«, erfolgt der energischste Abgesangsversuch voller Schmerz und schauderndem Lachen auf die Erste Liebe, noch einmal eine gewaltige und gewalttätige Anstrengung, dem ambivalenten, von andauerndem Affiziertsein, böser Aggression und quälender Liebessehnsucht durchdrungenen ›Wolff-Komplex‹ einen Schlußpunkt zu setzen, das Leiden am Lauf der Welt und dem gegenläufigen Kosmos der Imagination schaffend wegzuschaffen: Die Angehimmelte entpuppt sich als dumpf und dick gewordene Dienstmagd.

89 Blick auf Ober-Schadewalde; rechts der Baderbach.

Aber jetzt beginnen, möglichst würdig auf die dunstige Häusergruppe in der nahen Ferne zuzuschreiten:

Aber dies Bächlein=hier [...] wirkte doch erheblich stügisch.
(»Caliban über Setebos«; BA I, 3, S. 478 und 479)

Zwar heißt das Bächlein Kötelbeck wie eins in Bargfeld, doch hat's auch mehrfache Bedeutung: Der unterweltlich schwarze Styx ist's gleichermaßen wie schlesisches Wasser, Schwarzwasser, Tschirne, das nördlich des Nonnenbuschs an einem anderen Laubaner Klosterforst entspringt und nahe Naumburg am Queis einem Dorf seinen Namen gibt, in dessen Umgebung ein Ullersdorf liegt. Auch hier wieder ein Gang zu den Müttern mit merkwürdiger Koinzidenz: Nach Angaben Schmidts stammen seine Großmutter väterlicherseits aus Nieder-Ullersdorf, seine Großmutter mütterlicherseits wie deren Mutter aus Tschirne, jedoch aus gleichnamigen Ortschaften des Kreises Sagan, rund 50 km nördlich Lauban.

Küpper und Schwerta

90 Küpper; Blick vom Kirchturm aus.

Hingegen aus Küpper im Kreis Lauban (es gibt auch eins bei Sagan) stammen Schmidts männliche Vorfahren mütterlicherseits. Sein Großvater (Johann Gottlieb Ehrentraut, *18. 10. 1845) wie sein Urgroßvater (Gottfried Ehrentraut, 1811–1871) sind dort geboren.

Als Verwischer von Konturen zeigt sich Schmidt auch im Biographischen. Bei der Rechnung, die er aufmacht, um seine Vorliebe für flaches Land auch herkunftsmäßig ableiten zu können, läßt er die männliche Linie seiner Mutterseite ganz außer acht:

»[...] und mir war schon als Kind nichts lieber, als weite Ebenen, mit Haide bedeckt, Moor eingemischt, darin Kiefernwaldungen auf Sandboden; kurzum karge, menschenleere Öde.
Hier schien mir ein ›Bruch‹ in meinem Wesen; und zwar von einer Sorte, die ich gar nicht schätze! Denn wenn ich, ich mochte wollen oder nicht, ›Schlesier‹ war [...]; dann war meine instinktive übermächtige Neigung zu Flachland, Erica & Ledum Palustre ›falsch‹; dann war mir weiterhin (z. B. als Schriftsteller) die letzte entscheidende Identifizierung mit dieser=meiner Landschaft versagt.
[...]
Und noch mehr [Erleichterung überkam mich], als ich erkannte, daß meine Eltern überhaupt gelogen hatten: sie stammten gar nicht einmal aus diesen buckligen Gegenden! Mütterlicherseits kam ich aus Tschirne (18

91 Küpper in der »buckligen Gegend«: Kirche, Kantorat und Pfarrhaus.

km südl. v. Sagan; uralter slawischer Name übrigens; von ›Czerny‹, schwarz: ›Schwarzwasser‹ und ›Weißwasser‹ heißen ja überall gern 2 Bäche); die Familie meines Vaters saß seit langem in Halbau (10 km südw. v. Sagan). Mit anderen Worten: von ›schlesischen Bergen‹ war bei uns keine Rede; wir stammten vielmehr aus den sogenannten ›Lausitzen‹, (und da wird Einem ja gleich wohler, wenn man so entfernt zu LESSING gehört und SCHEFER). Und das Land dort war flach! [...]

[...]
: Da war ich beruhigt.«
(»Materialien für eine Biografie«; »›Wu Hi?‹«, S. 17 und 19)

Beunruhigend bleibt, daß Schmidt die ›Lausitzen‹ völlig ›einebnet‹; ihm scheint alles Niederschlesische Heide und das oberlausitzische Görlitz-Laubaner Hügelland mit den südlich anschließenden Vorbergen zum Isergebirge ein vernachlässigenswerter Klacks.

92 Schwerta in der ›flachen‹ Oberlausitz: Blick auf den Kirchberg, in der Mitte des langgestreckten Dorfes, Richtung Süden (böhmische Grenze, Isergebirge).

93 Heimweber und ihre Handwebstube.

Gottlieb Ehrentraut zog mit seiner Familie nach 1845 von Küpper nach Schwerta.

»Beide UrgroßElternPaare wied'rum aus den Lausitzen. Die einen, (aus Schwerta; 5 km von Marklissa), waren Heimweber – weißt vielleicht noch aus GERHART HAUPTMANN, was das bedeutete – in einem klein'n Strohdachhaus [...].«
(»Abend mit Goldrand«, S. 161)

[...] falls Hr. J., esqu., nichts anderes vorhat, wird er gebeten, den darauffolgenden Sonntag zu einem Ausflug nach Goldentraum zu schenken
seinem wohlaffektionierten Freunde
Arno Schmidt.
(Arno Schmidt an Heinz Jerofsky am 20. 7. 1935; »»Wu Hi?«‹, S. 68)

95 Stausee Goldentraum.

94 Goldentraum, am Marktplatz.

[...] auch wohl mal (aber seltner) nach MARKLISSA; oder GOLDENTRAUM, (der Talsperre [...)].
(»Abend mit Goldrand«, S. 106)

Ein schlesischer Schuster aus Volkersdorf kannte Katrins Greiffenberg: »Na nu!« Und die Namen purzelten: Prenzelpark, Kienberg, Stausee [...].
(»Die Umsiedler«; BA I, 2, S. 270)

Mit »Stausee« ist der von Goldentraum gemeint. Der Greiffenberger Kienberg gehört zu dem Höhenzug, der den Queis unmittelbar bei der Stadt zwingt, seine bisherige Süd-Nord-Richtung aus dem Gebirge aufzugeben und nach Westen, Richtung Marklissa, zu schwenken. Der Rückstau der Talsperre Goldentraum reicht bis vor Greiffenberg unterhalb des Kienbergs.

Verheerende Hochwasserkatastrophen ausgangs des 19. Jahrhunderts bewogen zum Bau zweier Queistalsperren östlich von Marklissa Richtung Greiffenberg. 1905 wurde die Marklissaer mit 140 Hektar Staubekkengröße und 5,6 km Länge, 1924 die Goldentraumer Talsperre mit 125 Hektar Staubeckengröße und 8,2 km Länge eingeweiht.

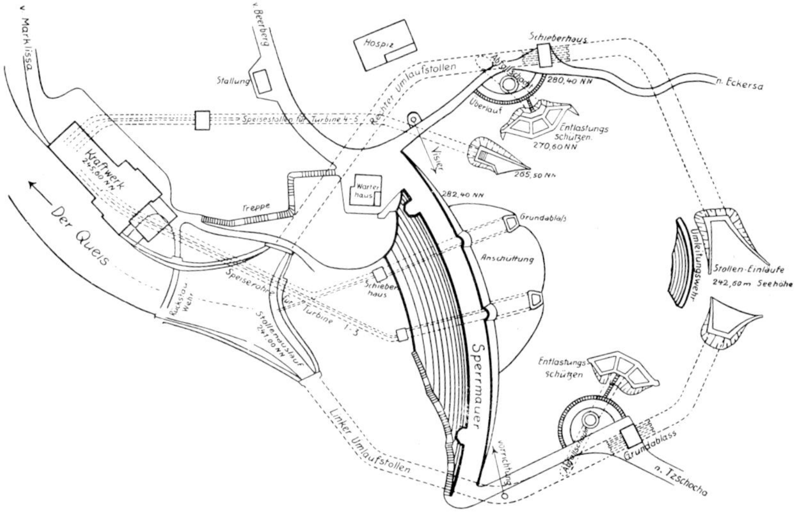

96 Talsperre bei Marklissa mit Burg Tzschocha – Mitanreger für die Schloßszenen in »Die Insel« (1937), trotz der deutlichen Beziehung auf Schloß Friedland?

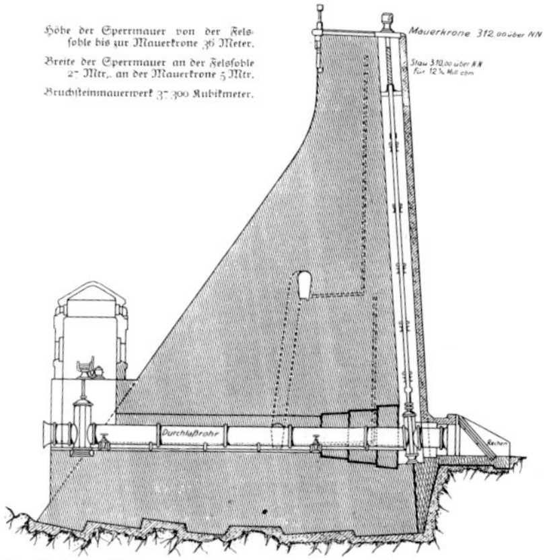

97 Lageplan der Queistalsperre bei Marklissa und Querschnitt der Goldentraumer Sperrmauer.

Über die Kreisgrenzen hinaus:

Im Zug von Lauban nach Greiffenberg und Görlitz – der Knotenpunkt Kohlfurt

Er [Egon Olmers] **fährt id Erinnerung wieder die tausende von ›Zügen‹ seines Lebens: allein 10 Jahre, hinter'nander, jedn Tag, uff Bahnhöfn, hoffnungslos erleuchtetn, in altertümlich'n Abteil'n (mit 15=Watt=Birn'n))[.]**
(»Abend mit Goldrand«, S. 108; vgl. »Die Großhauswelten«: »(freilich trage ich, ›noch von früher her‹, die Folgen einer schweren 10jährigen Eisenbahnitis im Geblüt).«)

98 Langenöls.

99 Schosdorf, Bahnhof.

Von Arno Schmidts zehn Jahren entfallen vier – Januar 1934 bis März 1938 – auf die Strecke Lauban – Greiffenberg über Langenöls und Schosdorf und zurück.

Ich fahre morgens 7^{33} (im Sommer 6^{20}) und bin Abend 19 in L. (im Sommer ein wenig nach 17). [...] Die Arbeit [in den Greiff-Werken] **ist blöde, aber leicht; ich habe auch anständige Kollegen mit bösen Witzen. –**
(Arno Schmidt an Heinz Jerofsky am 31. 1. 1934; »›Wu Hi?‹«, S. 63)

100 Bahnhof Greiffenberg, von Osten aus gesehen; links vom Bahnhof der große Schornstein der Greiff-Werke.

Zu Arno Schmidts »EisnbahnExistenz« (»Abend mit Goldrand«, S. 107) gehörten auch Fahrten über den Knotenpunkt Kohlfurt, knapp zwanzig Kilometer nördlich von Lauban:

101 Bahnhof Kohlfurt.

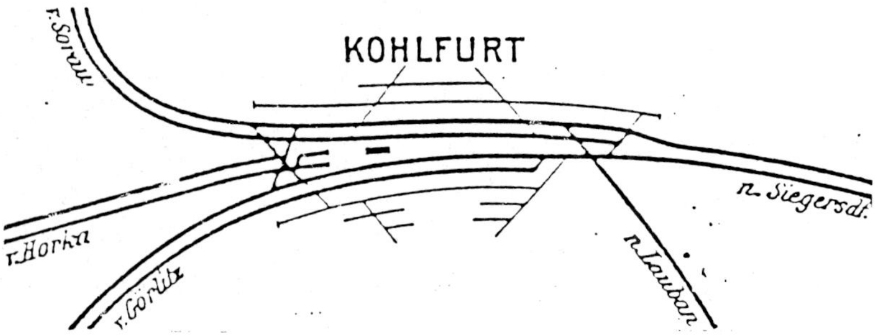

102 Skizze der Streckenverknüpfung in Kohlfurt.

»Altenbeken!«. Sämtliche D=Züge hatten hier zehn Minuten Aufenthalt; denn es war einer jener raren Riesenbahnhöfe ohne Ort, wo sich diverse Hauptlinien kreuzen. Wie seinerzeit Kohlfurt bei Görlitz: an solchen merkwürdigen Plätzen hatte ich als Kind immer erwartet, irgend ein technoides Wunder zu sehen, einen fliegenden Menschen, oder einen versteinerten, oder so etwas.
(»Rollende Nacht« (1966); BA I, 4, S. 121)

km	RBD Breslau Zug Nr				5374	1802					w 1814	S 788	E 174	w 788	756	E 196					744	D 197
177,8	**Lauban** 123a, 123a ...... ab	...	...	...	1.25	1.36	...	...	...	...	w 5.01	S5.19	**5.45**	w6.01	7.11	Freiheit	...	...	...	...	10.22	**11.30**
184,0	Lichtenau (Schles)	...	...	...	nach Kohl	1.42	...	...	...	...	5.07	5.25	Berlin	6.07	7.17		...	...	...	...	10.28	Berlin
191,8	Nikolausdorf	...	...	...		1.50	...	...	...	...	5.14	5.33		6.15	7.26		...	...	...	...	10.36	
196,9	Hermsdorf (b Görlitz)	...	...	...		1.55	...	...	...	...	5.19	5.39		6.21	7.32		...	...	...	...	10.42	
201,4	Görlitz-Moys	...	...	...		2.01	...	...	...	...	5.24	5.44		6.26	7.37		...	...	...	...	10.47	
203,3	**Görlitz** 132, 132f .... an	...	...	...		2.04	...	...	...	...	w 5.27	S5.47	**6.04**	w6.29	7.40	**7.47**	...	...	...	...	10.50	**12.08**

RBD Breslau Zug Nr		E 232		1808	758		E 176	1812	730		D 194		D 494			760	740	1810	E 294		784
Lauban 123a, 123a .... ab	...	**13.06**	...	13.51	15.01	...	**15.46**	16.44	17.10	...		...		...	...	19.01	19.32	20.21		...	22.34
Lichtenau (Schles)	...	nach Stettin	...	13.57	15.07	...	Ditters-	16.51	17.16	...	Sackisch- Berlin	...	Hirschberg- Dresden	...	...	19.07		20.27		...	22.42
Nikolausdorf	...		...	14.05	15.15	...		16.59	17.24	...		...		...	...	19.16		20.35		...	22.52
Hermsdorf (b Görlitz)	...		...	14.11	15.21	...		17.04	17.30	...		...		...	...	19.21		20.40		...	22.58
Görlitz-Moys	...		...	14.16	15.26	...		17.09	17.36	...		...		...	...	19.26		20.46		...	23.03
Görlitz 132, 132f .... an	...		...	14.19	15.30	...	**16.04**	17.12	17.39	...	**17.53**	...	**18.05**	...	...	19.29	19.51	20.49	**21.06**	...	23.06

km	RBD Breslau Zug Nr	783		1801 b6	5373		761				D493			745						747			E 231	1813
207,9	**Görlitz** 132, 132f .... ab	0.48	...	3.39	von Kohlfurt	...	6.05	...	7.54	...	**10.06**	...	**10.16**	10.26	...	**11.30**	...	**12.30**	...	13.45	...	**14.43**	Hirschberg	15.30
209,8	Görlitz-Moys	0.51	...	3.43		...	6.09	...	7.57	...		...		10.30	...		...		...	13.48	...		Stettin-	15.33
214,4	Hermsdorf (b Görlitz)	0.57	...	3.48		...	6.14	...	8.02	...		...	Bad K	10.35	...	Hirsch	...	Berlin-	...	13.54	...	Berlin-		15.38
219,4	Nikolausdorf	1.03	...	3.54			6.20	...	8.08	...		...	Hirsch	10.41	...		...			14.00	...	X		15.44
227,2	Lichtenau (Schles)	1.11	...	4.01		w1841	6.28	...	8.15	...		...		10.49	...		...		1803	14.07	...			15.51
233,5	**Lauban** 123a, 123a .... an	1.17	...	4.07	4.00	b6	6.34	...	8.21	...		...		10.55	...		...	**12.48**	b6	14.13	...	**15.01**	**15.09**	15.57

RBD Breslau Zug Nr		D 427	749			bG 1809		753				bG1817							...		
Görlitz 132, 132f .... ab	...	**16.20**	16.46	...	**17.15**	18.00	18.45	19.50	...	...	...	22.07	...	...	**23.05**	...	...	...	...	...	...
Görlitz-Moys	...		16.49	...	Johannisba	18.04		19.54	...	...	...	22.10	...	...	Berlin-	...	...	...	...	...	...
Hermsdorf (b Görlitz)	...		16.54	...		18.09		19.59	...	...	...	22.16	...	...		...	...	...	...	...	...
Nikolausdorf	...		16.59	...		18.15		20.05	...	...	...	22.22	...	...		...	...	...	...	...	...
Lichtenau (Schles)	...		17.07	...		18.23		20.12	...	...	...	22.29	...	...		...	...	...	...	...	...
Lauban 123a, 123c ...... an	...	**16.38**	17.13	...		18.30	19.08	20.18	...	...	...	22.35	...	...	**23.23**	...	...	...	...	...	...

Fünf Jahre lang – Dezember 1928 bis Januar 1934 – ging es nach Görlitz per Zug zur Schule:

»Ergo mußt'ich täglich mit der Bahn fahren: ›Lauban=Lichtenau=Nik'lausdorf=Hermsdorf=Moys=Görlitz‹, 45 Minutn jede Tour; (und manchmal warens 2 Mal am Tage).«
(»Abend mit Goldrand«, S. 105)

[…] wir waren kaum unter den drei Unterführungen hindurch […].
(»Leviathan oder Die beste der Welten«; BA I, 1, S. 38)

103 Bahnunterführung Frauenstraße (Lokomotive Richtung Bahnhof Lauban): die erste Unterführung auf der Strecke nach Görlitz.

104 Kreiskrankenhaus (die Bahnlinie verläuft parallel zur Straße vor der Längsfront des Krankenhauses unter- und außerhalb des Bildes).

105 Am Bahnhof Lichtenau: Basaltwerke und Braunkohlegrube »Glückauf«.

Wir halten immer noch (etwas hinter dem Krankenhaus wohl).
(»Leviathan oder Die beste der Welten«; BA I, 1, S. 39)

Lichtenau war außerhalb Laubans die erste Haltestation auf der Strecke nach Görlitz.

(Na Wilma? –: das denket Mir wohl noch; wie P [Paul] **Dir, im ›Beschleunichtn‹, zwischn Nik'lausdorf und Lichtenau, das Kränzlein nahm; (& Ich, entsagungsfoll, Schmiere stand: daß kein Schaffner Euch interrumpiere & kein Con=trolleur Euch schade: rattatá![])]**

(!–: KláMensch!: Im TriebWagn, kurtz vor LICHTENAU, hatte Er doch W [Wilma], **zum 1.=Male, voll=endit! –**
(»Zettels Traum«, S. 475 und 1305)

Um nicht alles aus dem folgenden letzten Kapitel vorwegzunehmen, machen wir jetzt einen Sprung zum Ankunftsort, zum Hauptbahnhof Görlitz.

Enrico!
Bin, falls /Deine!!/ Gegenorder ausbleibt, am 22. 12. 3^{35} P. M. am Hauptausgang d. Görlitzer Bahnhofes!
(Arno Schmidt an Heinz Jerofsky am 17. 12. 1934; »›Wu Hi?‹«, S. 65)

106 Der Görlitzer Hauptbahnhof in den zwanziger Jahren.

›Der letzte Zug‹ – die Zerstörung Laubans

Den endgültigen Abschied von Lauban, von Schlesien überhaupt thematisierte Arno Schmidt in seiner Erzählung »Leviathan«. Darin montierte er eigene Erlebnisse aus dem Anfang des Jahres 1945 mit Fakten aus der Zerstörungszeit Laubans, privaten Wunschvorstellungen (Zusammentreffen mit Johanna Wolff – siehe als Nahtstelle den beim Gang durch die Innenstadt Laubans zitierten Brief aus »Schwarze Spiegel« –, kurzzeitige nichtkörperliche ›Erfüllung‹ seiner ›Liebe‹ zu ihr; gemeinsamer Tod), Bahnfahrterinnerungen, (Geistes-) Machtphantasien eines hochintellektuellen »einfachen Soldaten«, Welterklärungsmonologen und bitteren Räsonnements eines vom Lauf der Welt in seinen Idealen grausam Enttäuschten – ein Sprachstakkato, endend im pubertär-heroischen Wahn einer wagner-hitlerischen, auch kleistisch-klassischen, selbstgesuchten »Erlösung durch Untergang« (charakteristisch für die in dem Band »Leviathan« gesammelten drei 1946 und 1948 entstandenen Erzählungen sowie »Pharos oder von der Macht der Dichter« (um 1943)): im götterdämmrig hochstilisierten Sprung mit der Geliebten vom zerstörten Neiße-Viadukt in die Nebeltiefe und die im Tod umfangenden mütterlichen Wasser.

Die Erzählung setzt ein am 14. Februar 1945, dem Tag, an dem Arno Schmidt Greiffenberg und seine Wohnung in der Schützenstraße 4 zum letzten Male sah. Seine Flucht führte ihn jedoch in weitem Bogen um Lauban herum; er erblickte es nicht mehr. Und was er als Laubaner Ereignisse zwischen 12. und 14. Februar einschließlich komprimiert und, so sein erzähltechnischer Spezialausdruck dafür, dehydriert schildert, geschah tatsächlich zwischen dem 16. und 17., Vereinzeltes sogar noch später gegen Ende des Monats. (Für Schmidt ging's am 14. zunächst nach Süden: nach Friedland in Böhmen, dem Schauplatz der »Insel«, dann nach Westen: Zittau, Pirna, Glauchau, dann nördlich: Leipzig, Halle, und schließlich nach Quedlinburg, wo seine Mutter lebte.)

Fakt und Fiktion – eine vergleichende Chronologie

1945		fiktional		faktisch
12. 2.	22.00	Evakuierung der Stadt		Nur Alte, Kranke und Kinder dürfen die Stadt verlassen; Verweigerung von Abmeldescheinen durch die Polizei
13. 2.		Beschießung der Stadt (?)	vor 12.00	Räumungsbefehl für Lauban, Stillegung des Reichsbahnausbesserungswerks
				Im Lauf des Tages Evakuierung der nördlich der Stadt gelegenen Dörfer innerhalb des Kreises Lauban; Front noch rund 10 km nördlich: Kämpfe im Raum Naumburg/Queis – Siegersdorf
			vor 24.00	Himmel im Westen auffallend grau, dann Horizont rot, immer heller: Bombenangriff auf Dresden
14. 2.	um 14.00	Die ganze Stadt und das Bahnhofsgelände »immer noch« unter Beschuß; Schießen im Norden und Osten Richtung Kreuzberg (Bertelsdorf) und Kerzdorf; Tieffliegerangriffe auf das Reichsbahnausbesserungswerk haben stattgefunden		Russische Truppen immer noch rund 10 km nördlich von Lauban
	15.10	Einschläge im Reichsbahnausbesserungswerk		
	um 18.00	Die katholische Kirche fällt ein; Brände überall in der Stadt sichtbar; dort auch Gewehrfeuer		
	nach 21.00	Weiter Brände; der ›allerletzte‹ Zug fährt Richtung Görlitz		
15. 2.	um 9.30	Bei Nikolausdorf Angriff auf den Zug		Russischer Vorstoß über Sächsisch Haugsdorf Richtung Lauban
			um 18.00	Russische Truppen in Bertelsdorf
	vor 24.00	»Einmal ganz fern schweres erdbebengleiches Rollen. Lange. Wie ein Riesenluftangriff. Dresden ?«		
16. 2.	um 6.00	Zug auf dem Neiße-Viadukt vor Görlitz, Zerschießen des Viadukts vor und hinter dem Zug		Vereinzelte Granateinschläge lösen Panik in Lauban aus
				Zwangsräumung angeordnet

1945	fiktional		faktisch
16. 2.			Zahlreiche Zivilisten dennoch in der Stadt
		um 20.00	›Letzter‹, überfüllter, Zug nach Görlitz
17. 2.			Beginn der Schlacht um Lauban
		um 1.00	Wieder einzelne Granateinschläge
		8.00	›Allerletzter‹ Zug nach Görlitz
			Zunehmendes Schießen bei Bertelsdorf
		8.30	Einschläge im Westen der Stadt
		ab 9.00	Schweres Artillerie- und Granatwerferfeuer auf der ganzen Stadt
		um 10.00	Postamt brennt, danach Bahnhof, Kreuzkirche, Gymnasium, viele Häuser
			Russische Stoßrichtung: Queisbrücken, Bahnhofsgelände, Reichsbahnausbesserungswerk
			Einschläge in Kerzdorf
	(Vgl. den Traum des Erzählers vom Luftangriff)	um 11.00	Deutscher Luftangriff: Bomben auf die russische Artillerie
		um 14.00	Fortsetzung der Beschießung durch russische Truppen; weiter Brände
		um 16.00	Sprengung der kleinen Queisbrücken durch deutsche Truppen
			Russisches Vordringen in den Volkspark (Queisinsel); russischer Luftangriff: Bomben westlich hinter Lauban (Lichtenau)
18. 2.			Stellungskämpfe am Queis
19. 2.			Siegersdorf und Thiemendorf vorübergehend von deutschen Truppen besetzt; Stellungskämpfe am Queis
20. 2.			Stellungskämpfe am Queis
21. 2.		um 15.00	Russisches Vordringen über den Queis an der Nicolaistraße (von Osten) und zum Nonnenbusch (von Norden)
		um 22.00	Sprengung der Bahnbrücke durch deutsche Truppen
22. 2.			Russischer Vorstoß zum Nicolaiplatz
			Kampf Haus um Haus
			Bahnstrecke nach Kohlfurt neue Kampflinie für drei Tage; russischer Angriff von Wünschendorf her

1945	fiktional		faktisch
25. 2.			Russischer Vorstoß nach Westen im Norden der Stadt; deutscher Vorstoß nach Osten entlang der Fischerstraße
26. 2.			Kämpfe besonders in der Neuen Straße und Zeidlerstraße; schweres Artilleriefeuer auf Kerzdorf und Steinberg; russisches Vordringen auf das Bahnhofsgelände
27. 2.			Deutscher Rückzug an der Kohlfurter Bahnlinie zur Äußeren Naumburger Straße; Beschuß der Naumburger Straße: Turmspitze der katholischen Kirche stürzt ein und durchschlägt Dach und Gewölbe des Kirchenschiffs; Klosteranlage brennt; russisches Vorrücken über Bahnhofsgelände und Reichsbahnausbesserungswerk
28. 2.			Und weiter bis zum Steinberg, Naumburger Straße, Graben, Bismarckstraße (Winkler-Werke)
1. 3.			Und weiter bis zum Seecktplatz, Kaserne, Görlitzer Straße
			(Die nächsten Tage ohne Raumgewinn)
6. 3.			Deutscher Gegenangriff
		um 16.00	Lauban vollständig wieder in deutscher Hand
8. 3.			Goebbels-Rede auf dem Marktplatz
9. 3.			Wiederaufnahme des Bahnverkehrs
7. 5.			Sprengung des Neiße-Viadukts durch deutsche Hand, ein Tag vor dem Waffenstillstand

107 Blick vom Markt (Rathaus) nach Norden. Die Kämpfe sind vorüber – »es ist erreicht« ... (Türme von hinten nach vorn: katholische Kirche, Glockenturm, Krämerturm.)

Die ganze Stadt [...] liegt immer noch unter Beschuß; sadistisch: hier einen hin, dort mal fünf, wieder zurück. Der Schnee ist ganz schmutzig vom Ruinenstaub.
(»Leviathan oder Die beste der Welten«; BA I, 1, S. 35)

In der Stadt kracht und zittert es.
(»Leviathan oder Die beste der Welten«; BA I, 1, S. 37)

108 Am Markt – Hotel Hirsch.

Durch ein Ruinenfenster zwinkerte feist der erste Stern; dick, dreistgelb, ein Bankier.
(»Leviathan oder Die beste der Welten«; BA I, 1, S. 36)

109 Außen: das Rathaus. Kein Kommentar.

110 Die Naumburger Straße; auf dem oberen Bild im Fluchtpunkt von links her die Einmündung der Walkgasse.

111 Der obere Klosterhof. Kein Kommentar.

Der Erzähler des »Leviathan« befindet sich um die Mittagszeit des 14. Februar auf dem Bahnhofsgelände; was real drei Tage später passiert, geschieht jetzt:

(Vier Einschläge kamen gleichzeitig ins Ausbesserungswerk; einer davon so nahe, daß wir im Luftdruck schwankten, ehe wir uns hinwerfen konnten. Qualmpilze spritzten im Grus haushoch; Gestein und Metall erschien brockig in der Luft.
(»Leviathan oder Die beste der Welten«; BA I, 1, S. 36)

112 Zerstörtes Reichsbahnausbesserungswerk, im Hintergrund links Teil des Bahnhofs.

Der ›letzte Zug‹ aus der Stadt Richtung Görlitz wird mühselig instandgesetzt.

Nach vielem Rangieren schob sich langsam die Lok heran; sie koppelten und fluchten. Wir haben vergeblich versucht, den letzten Wagen loszukriegen, es ist alles festgerostet; der Lokführer rief: »Macht bloß den Schwellenreißer ab! –« Sieh da, der Schwellenreißer! In Drontheim, in der Wochenschau hab ich ihn gesehen; er war da im Osten »eingesetzt«. Der Gedanke ist ganz einfach: am letzten Wagen hängt der viele Tonnen schwere »zweckvoll geformte« Stahlhaken, greift hinter die Eisenbahnschwellen, vorn fährt die Maschine an, und er reißt eine nach der anderen mitten durch. Geht ganz leicht, so schnell der Zug eben fährt.
(»Leviathan oder Die beste der Welten«; BA I, 1, S. 38)

Historische und poetische Wirklichkeit: Die ›Gleiszerstörungsanlage‹, die Schmidt »Schwellenreißer« nennt, lief unter der Bezeichnung »Schienen*wolf*«. Diesen Namen zu gebrauchen, verboten offenkundige kompositorische Gründe. Die Abspaltung des bösen, verschlingenden weiblichen Wolff-Anteils ins unpersönliche destruktive Objekt, die wir analog im »Faun« bereits sahen, mußte unter der Textoberfläche geschehen. Dann erst war eine ›Erhöhung‹ ins negativ Symbolhafte zum Sinnbild der Zerstörung möglich: »der Schwellenreißer ist ein guter [Beweis gegen die Existenz eines ›lieben‹ Gottes]« (BA I, 1, S. 38).

113 Der »Schwellenreißer« in Aktion. (Sowjetunion, Witebsk 1944, beim Rückzug der deutschen Truppen.)

Dampf schoß stoßweise auf; es ruckte und klapperte. Ein winziges Stückchen. Eine Hemmung. Und dann brach hinter uns ein höllisches Splittern und Bersten auf. Wieder ein Meterchen. Wieder riß es und bellte [sic: wölfisch] **wie platzendes Holz. Ich sprang auf, zur Tür, [...] und wir sahen, fluchend, daß die Ketten gerissen (zerschossen?) waren, und der Schwellenreißer – well: tadellos arbeitete. [...] Fahrt ins Graue mit obligatem Schwellenreißer.**
(»Leviathan oder Die beste der Welten«; BA I, 1, S. 48f.)

Historische und poetische Wirklichkeit: In der Tat wurde das Gerät »im Osten ›eingesetzt‹«, keinesfalls jedoch auf der Strecke Lauban – Görlitz, auch nicht zufällig. Der Bahnknotenpunkt Lauban war im Frühjahr 1945 nicht zuletzt deswegen so umkämpft, weil *beide* Kriegsparteien ihn als strategisch wichtig betrachteten und die Bahnverbindungen möglichst benutzbar halten wollten.

Bis auf den Neiße-Viadukt geht die ruckweise Fahrt:
Es gab ein Haltesignal auf dem Viadukt. Züge mußten also öfters ›über dem Abgrund‹ stehen. ›Geburtsstunde‹ des »Leviathan«-Finales während der Fahrschülerzeit Arno Schmidts? Welch ein Schauspiel jedenfalls für einen Beobachter wie ihn – der Zug rollt mählich auf den Viadukt: Wie sich die abschüssige Erde zurückzieht; tief drunten die Wasser, aufsteigende Nebel gelegentlich; Wind; oben der feurige Sonnenball. Weit das Blickfeld und doch dumpf bedrükkend die Szenerie. Ist's schwarze Nacht, kaum eine Kontur zu sehen, bleibt abgrundtief ausmalende Vorstellung von dem, was da draußen ist (und was da sein könnte). Eine Konstellation der Elemente, die Assoziationen an Endzeitvisionen heraufkommen läßt. Schilderungen von Weltuntergang, Götterdämmerung, sie waren frühes Faszinosum für Schmidt, erquickende Rückzugsmöglichkeit in Anfänge der Dichtung, die das Ende besingen, bergendes, schreckliches, mythisches A und O. »Felsblöcke schrofften an steilen Gründen«, berichtet nach seinem ›Dimensionsdurchgang‹ Poe in den »Dichtergesprächen im Elysium« (BA I, 4, S. 299) vom Weg durch Nebel, Eis und Wasser zum Elysium, »wohl war Windzeit, Wolfszeit«: Worte aus der »Völuspâ«, die eine mythische Atmosphäre heraufbeschwören wie hier im »Leviathan« nun Hel, die laut Grimms »Deutscher Mythologie« wölfischer Natur und Herkunft

114 Auf dem insgesamt 475 Meter langen Viadukt (über 30 Bögen) befindet man sich 35 Meter hoch über dem Fluß.

115 Der Neiße-Viadukt nach der Sprengung durch deutsche Pioniere am 7. Mai 1945.

ist, in Verbindung mit Nebel (Niflhel), Wasser, Feuer, Stein.

Alles aus. –
Wir fuhren an, nur ein paar hundert Meter, waren sogleich auf dem Viadukt. Es hallte. Nur gut, daß es so langsam ging. Hoch über dem Fluß. Da riß es auf einmal den Waggon vorwärts. Stand wieder. Die Vorderwand platzte. Es ging alles so schnell. Wir hasteten vorsichtig hinaus: da fehlte die Brükkenwölbung vor uns; die Lok hing schräg über dem Abgrund (und hinter uns hat der Schwellenreißer gefressen!!), Feuer brach aus dem geborstenen Kessel, und sofort begannen Granaten in der Luft zu singen (schönes Ziel, was?!). Sie tasteten sich (schreiend in der jaulenden Finsternis) auf der geländerlosen Riesin nach hinten. (Einer mochte stürzen; denn Geheul flog blitzschnell nach unten). Da: ein zackiger Feuerturm stand brüllend am anderen Ende. Wir (Anne und ich. Wir.) krochen stumpf (mit jagenden Herzen) in den Wagen. Die Eisendämonen schrien und jauchzten um uns, über uns, unter uns. Noch oft krachten die Einschläge hinten, und einmal schütterte es, als breche ein Berg zusammen (und Brausen von gurgelnden Wassern.)
[...]
Eisiger Nebel wallt auf, schluchthoch. (Hel, die Wasserhölle.)
(»Leviathan oder Die beste der Welten«; BA I, 1, S. 52f.)

»Surt fährt von Süden mit flammender Glut,
Von seinem Schwerte scheint die Sonne der Götter.
Steinberge stürzen, Riesinnen straucheln,
Zu Hel fahren Helden, der Himmel klafft.«
(»Völuspâ«, Übersetzung von K. Simrock, bearbeitet von H. Kuhn)

Weder war die »Riesin« geländerlos noch ein Entkommen von ihr unmöglich (etwa am deformierten, aber ungebrochenen Schienenstrang entlang) – Indizien dafür, daß Schmidts Überhöhung der Situation noch andere Bild-Ursachen hatte.

Bilder Piranesis fielen mir ein [...].
(»Leviathan oder Die beste der Welten«; BA I, 1, S. 51; vgl. auch »Die Fremden«, BA I, 1, S. 546 und »Großer Kain«, BA I, 3, S. 360 und 367)

Zu plump wär's verständlicherweise gewesen, wenn Schmidt direkt auf die »Carceri« verwiesen hätte; so sind scheinbar lediglich römische Veduten gemeint. Doch eingedenk der grundsätzlichen Bedeutung, die Piranesis Bilderfolge für ihn hatte, und des wie nebensächlich klingenden Moments der Geländerlosigkeit, auf die in ihrer ›existentiellen‹ Deutung De Quincey-Coleridge hingewiesen hatten, ohne daß es konkret auf Blatt 7 zutraf, könnte ein Gang zu »Piranesis ›Carceri‹« (»Schwarze Spiegel«; BA I, 1, S. 227) erhellend wirken:

115a Die »geländerlose Riesin«: »Carceri«, Blatt 5.

[...] ich sagte zu Anne: »Auch hinten eingestürzt. Wir sind allein; mitten und hoch über'm Fluß.«

Was bleibt, ist der Sprung vom ›Steinberg‹, der Fall ins Freie, in den Tod, hinab zur Hel, ins verschlingende kalte (weibliche) Element; Wolffszeit.

Ende
Wir werden in die grobrote bereifte Tür treten. Goldig geschleiert wird die Teufels-Winter-Sonne lauern, weißrosa und ballkalt. Sie wird das Kinn vorschieben und bengelhaft den Mund spitzen, die Hüften zum Schwung heben. Starr werde ich den Arm um sie legen.
(»Leviathan oder Die beste der Welten«; BA I, 1, S. 54)

Die stadt- und militärgeschichtlichen Daten basieren auf dem »Heimatbuch des Kreises Lauban in Schlesien« (2., neu bearbeitete und erweiterte Auflage, herausgegeben von Wilhelm Menzel unter Mitarbeit von Edmund Piekorz und Karl Springer; Seyboldsdorf-Vilsbiburg: Selbstverlag Dr. Piekorz 1966) unter gelegentlicher Hinzuziehung des von Fritz Bertram herausgegebenen »Heimatbuchs des Kreises Lauban« (Marklissa: P. Menzel 1928). Ausgewertet wurden außerdem das »Adreßbuch der Stadt Lauban und der Gemeinden Bertelsdorf und Kerzdorf für 1930/31« (Lauban: B. Ostermann [1931]) und »1938 Adreßbuch / Einwohnerbuch für den Kreis Lauban (Schles.) mit den Städten Lauban, Marklissa, Schönberg und Seidenberg und allen Gemeinden« (Breslau: Breslauer Verlags- und Druckerei-G.m.b.H. [1938]).
Familiengeschichtliche Daten und Erinnerungen gehen auf mündliche oder schriftliche Mitteilungen der im Text genannten Personen an den Verfasser zurück.
Die Abbildungen entstammen folgenden Archiven, Büchern und amtlichen Karten bzw. Plänen (PA = Privatarchiv): PA Horst Altmann (Abb. 14); PA Dr. Renate Carstensen (Abb. 45, 45a, 45b); PA Günter Hausmann (Abb. 3, 20, 23, 25, 34, 35, 57, 62, 72, 84, 103); PA Heinz Jerofsky (S. 19); PA Klaus Kasper (Abb. 1, 32, 40, 68, 101, 102); PA Familie Mayer-Schellenberg (Abb. 16, 17, 21, 76, 77); PA Paul Menzel (Abb. 38); PA Elfriede Minchow (Abb. 49 [Reinzeichnung Rudi Schweikert]); PA Rudi Schweikert (Abb. 79, 100, 114; S. 58); Archiv der Arno Schmidt Stiftung (Abb. 8, 10, 15, 18; S. 71, 77); Archiv Laubaner Büro (Abb. 13, 24, 55, 66, 107, 112); Bildarchiv des Johann-Gottfried-Herder-Instituts (S. 8); Bundesarchiv Koblenz (Abb. 113); Heimatstube des Kreises Löwenberg (Abb. 99); Adreßbuch der Stadt Lauban [...] für 1930/31 (Abb. 11, 19, 47; S. 33, 41, 47, 48, 65, 72); 1938 Adreßbuch / Einwohnerbuch für den Kreis Lauban [...] (Abb. 12); Deutsches Kursbuch, Sommer 1939, Pürgen/Landsberg [3]1972 (S. 91); »Lauban anno dazumal« [Kalender 1989], Bonn: Steinberg 1988 (Abb. 63, 65); »Lauban anno dazumal« [Kalender 1990], Bonn: Steinberg 1989 (Abb. 33, 56 unten); Fritz Bertram (Hg.): Heimatbuch des Kreises Lauban, Marklissa: P. Menzel 1928 (Abb. 56, 92, 93 links, 97); Ernst Krawehl (Hg.): Porträt einer Klasse, Frankfurt/M.: S. Fischer 1982 (Abb. 58 oben); Wilhelm Menzel (Hg.): Heimatbuch des Kreises Lauban in Schlesien, Seyboldsdorf-Vilsbiburg: Selbstverlag Dr. Piekorz [2]1966 (Abb. 43, 48, 51–53, 59, 89, 93 rechts, 108–111; S. 50); Hermann Pathe: Die Kirche in Küpper 1346 – 1736 – 1936, Görlitz: C. A. Starke 1936 (Abb. 90, 91); Edmund Piekorz (Zusammenstellung): Lauban – Heimat im Bild, Seyboldsdorf Post Vilsbiburg: Selbstverlag Dr. Piekorz 1963 (Abb. 4, 5, 22, 26–31, 36, 39, 41, 44, 46, 50, 54, 56 oben, 60, 64, 67, 69, 70, 71, 73–75, 78, 80–83, 85–88, 94, 95, 96, 98, 104, 105); Jan Philipp Reemtsma, Bernd Rauschenbach (Hg.): »Wu Hi?«, Zürich: Arno Schmidt Stiftung im Haffmans Verlag 1986 (Abb. 9, 58 unten); Arno Schmidt: Abend mit Goldrand, Frankfurt/M.: S. Fischer 1975 (S. 72); Arno Schmidt: Kleinere Erzählungen, Gedichte, Juvenilia, Zürich: Arno Schmidt Stiftung im Haffmans Verlag 1988 [Vorzugsausgabe] (Abb. 6); Städtische Kunstsammlungen Görlitz (Hg.): Görlitz um die Jahrhundertwende [= Schriftenreihe N.F. Heft 14] (Abb. 37, 106); Görlitz in den zwanziger Jahren [= Schriftenreihe N.F. Heft 16] (S. 56); Görlitz im antifaschistisch-demokratischen Neuaufbau [= Schriftenreihe N.F. Heft 17] (Abb. 115); Görlitz unter dem Hakenkreuz [= Schriftenreihe N.F. Heft 18] (S. 58); Ulya Vogt-Göknil: Giovanni Battista Piranesi »Carceri«, Zürich: Origo 1958 (Abb. 78a, 115a); Katasterplan der Stadt Lauban [um 1939] (Abb. 42, 61; S. 60), Kreis Lauban (1-cm-Karte) 1938

[Beilage zum Heimatbuch des Kreises Lauban 1966] (Vorlage für S. 80; Zeichnung: Rudi Schweikert); Pharus-Plan der Stadt Lauban (1:6500) [Beilage des Adreßbuchs der Stadt Lauban für 1930/31] (Abb. 7, 18; S. 58), Topographische Karte (1:25000) Nr. 4857 Lauban [um 1937] (Abb. 2).